Michael Opoczynski

RESTPOSTEN

MICHAEL OPOCZYNSKI

REST
POSTEN

Sind unsere Jobs
noch zu retten?

1. Auflage
© 2020 Benevento Verlag bei Benevento Publishing München – Salzburg, eine Marke
der Red Bull Media House GmbH, Wals bei Salzburg

Medieninhaber, Verleger und Herausgeber:
Red Bull Media House GmbH
Oberst-Lepperdinger-Straße 11–15
5071 Wals bei Salzburg, Österreich

Redaktion: Christine Laudahn
Satz: MEDIA DESIGN: RIZNER.AT
Gesetzt aus der Palatino, Geogrotesque, FagoOfficeSerif
Umschlaggestaltung: Büro Jorge Schmidt
Umschlagmotiv: Shutterstock
Printed by Buch Theiss GmbH, St. Stefan im Lavanttal
ISBN 978-3-7109-0088-4

»Arbeit ist seit so langer Zeit eine Quelle der Identität, dass der Gedanke, nicht mehr gebraucht zu werden, ein furchtbarer ist.«

Robert Skidelsky

INHALT

VORWORT

»Das Virus hat uns wie ein Asteroid getroffen und in der Wirtschaft ein kraterartiges Loch hinterlassen.« So die Europäische Kommission im Wortlaut. Fehlt der Zusatz, dass in diesem Krater unglaublich viele Jobs verschwunden sind – ohne Wiederkehr.

Keiner von uns hat das je erlebt. Wie nach einem Donnerschlag stand die Welt, wie wir sie kannten, still. Ärztinnen und Ärzte, Pflegerinnen und Pfleger mussten an den Rand ihrer Leistungsfähigkeit gehen und manchmal auch darüber hinaus, Zehntausende erkrankten und viel zu viele Menschen starben an den Folgen dieser Pandemie. Während die Kliniken ihre Bewährungsprobe erlebten und die Versorgung mit Lebensmitteln irgendwie weiterlief, stand der Rest des alltäglichen Lebens still. Universität, Schule und Kita, Büro und Fabrik. Bleibt zu Hause, hieß die Parole. Distanziert euch voneinander, wurde uns gesagt. Das Leben, wie wir es kannten, war vorüber.

Vorüber war es auch mit der Welt der Arbeit. Jene Wirtschaftswelt, die mit ihrem prallen Leben und ihrer Betriebsamkeit die Quelle unseres Wohlstands war. Wir erlebten eine Vollbremsung bis zum völligen Stillstand. Bankenhochhäuser in Frankfurt? Stillgelegt und von Security bewacht. Flughäfen? Licht aus, leer, die Rollbahnen wurden Parkplätze für Flugzeuge. Autofabriken in München, Stuttgart oder Wolfsburg? Sie wurden zu stummen Hallen mit leeren Fließbändern. Und so wie in Deutschland war es in allen anderen entwickelten Ländern.

Aber: Die Arbeitswelt befand sich schon vor Corona in einem radikalen Umbruch. Immer mehr Berufsbereiche – die

Industrie, der Dienstleistungssektor, der öffentliche Dienst – verzichten auf den Faktor Mensch und übergeben Verantwortung an künstliche Intelligenz. Ein Großteil unserer Alltagsjobs – Verkäufer, Lastwagenfahrer, Bankmitarbeiter und viele mehr – ist dabei wegzubrechen. Der Staat ist machtlos, und wir Menschen werden immer mehr zu Zeitarbeitern, Freelancern und digitalen Tagelöhnern. Zu Restposten in der Welt der Arbeit. Corona funktionierte da wie ein Brandbeschleuniger, der die dramatische Lage erst recht entzündete und sogar beschleunigte. Angesichts dessen wir uns fragen müssen: Sind unsere Jobs überhaupt noch zu retten?

Deutschland lebt stärker als andere Nationen von seinen Industriearbeitsplätzen, von den vielen mittelständischen Unternehmen, die ihrerseits mit den großen Industrieunternehmen verflochten sind. Innerhalb dieser Unternehmen hat das Fließband Symbolkraft. Wenn es läuft, heißt das: Der Firma geht es gut, es gibt genug Arbeit für alle. Das Fließband gibt vor, der Mensch folgt.

Ich kenne aus meiner jahrzehntelangen TV-Berichterstattung das Innenleben fast aller Autohersteller dieser Welt. Ich war immer beeindruckt von den komplexen Abläufen in den Werkshallen. Für mich waren das Produktionsanlagen mit Symbolgehalt: Sie standen für Ingenieursleistung, Geldverdienen und für Arbeit, für die Mobilität und den Wohlstand. Jahrzehntelang sind in unserem Land diese Fließbänder gelaufen. Es gab immer genug Arbeit. Oft war sogar ein Drei-Schicht-Betrieb notwendig, Tag und Nacht, pausenlos. Manchmal mussten die Bänder sogar am Wochenende laufen, weil so viel Arbeit anfiel. Die Arbeiter hatten ein sicheres Einkommen, die Ingenieure und Manager erst recht. Jahrzehntelang ging alles gut, regelmäßig, ohne Höhe- oder Tiefpunkte. Das wird immer so weitergehen, dachten alle. Ich auch.

Wobei in den letzten Jahren erste Warnzeichen aufschienen: Die Autoindustrie, diese Schlüsselindustrie mit ihren Millionen Arbeitsplätzen, geriet ins Zwielicht. Der Dieselskandal kratzte am Image. Die Umstellung auf neue Technik, Elektroantrieb oder Wasserstofftechnologie machten uns andere vor. Was war denn aus dem vielbeworbenen »Vorsprung durch Technik« geworden? Das schier endlose Wachstum der deutschen Industrie geriet ins Stocken. Zweifel machten sich breit.

Und dann auch noch die gewaltsame Vollbremsung in der Corona-Krise. Sie standen abrupt still, die deutschen Fabriken. Wochenlang. Leere Werkshallen. Ein vorher in Industrieländern nie erlebter regierungsamtlich angeordneter Stillstand. Unternehmen schlossen die Pforten. Menschen wurden nach Hause geschickt. Städte waren plötzlich menschenleer. Politiker versuchten mit Finanzspritzen das Schlimmste zu verhindern. Von allen wurde ein Neustart herbeigesehnt, in der Hoffnung, dies sei nur ein kurzer Albtraum gewesen. Dann werde es weitergehen wie bisher. Dann werden die Arbeiter aus der Kurzarbeit zurückkehren in die Vollbeschäftigung. Dann werde es wieder volle Büros geben und vor Betriebsamkeit summende Konferenzräume. Dann werde die Lufthansa Tausende Menschen wieder in die weite Welt transportieren. Alles wie früher.

Mir scheint, die meisten von uns glauben auch jetzt noch an einen kurzen schlechten Traum. Sie erwarten, dass in der Arbeitswelt bald alles irgendwie weiter seinen Gang gehen wird. Oder dass Veränderungen so langsam kommen, dass sie uns nicht wehtun. Oder dass wir genug Zeit haben werden, uns auf Veränderungen einzustellen. Ob das nun die körperliche Arbeit am Fließband ist oder die Büroarbeit am Schreibtisch. Die Arbeit erlebte zwar auch früher schon Modernisierungsschübe, aber im Prinzip ging es immer weiter. Also wird es jetzt auch weitergehen.

Doch die Zeiten haben sich geändert. Mit der Corona-Krise kommt eine neue Zeitrechnung. Die Krise ist eine Initialzündung für eine neue Revolution. Wer sich ihr entgegenstellt, wird überrollt. Wer im alten Modus verharrt, wird zum Restposten.

Ich berichte hier über den unaufhaltsamen Schwund der Arbeit, wie wir sie kennen. Aber auch über neue zukunftsträchtige Formen der Arbeit. Dieses Buch richtet sich zum einen an die jungen Leute, die sich jetzt oder bald für eine Ausbildung oder einen Berufseinstieg entscheiden. Die vielleicht hoffen, dass sie trotz aller Hindernisse bei einem der großen Konzerne einen Arbeitsplatz fürs Leben finden, dass sie dort aufsteigen und mehr verdienen als bei den kleinen oder mittleren Betrieben. Und vor allem: dass sie dort nicht permanent um ihrem Arbeitsplatz fürchten müssen. Zum anderen geht es aber auch um die Älteren, die seit Langem fleißig in »ihren« Betrieben arbeiten und die noch eine längere Strecke vor sich haben. Die sich zudem sicher sind, dass nach kurzer Unterbrechung alles seinen gewohnten Gang gehen wird. Ohne allzu große Neuerungen.

Doch unsere vertraute Arbeitswelt verändert sich. Politiker versprechen Kontinuität, ohne das Versprechen einlösen zu können. Firmenbosse sprechen von neuen Herausforderungen. Aber so formulieren sie immer, wenn sie nicht genau wissen, wie es weitergehen soll. Gewerkschaftsfunktionäre geben sich stark und kündigen Widerstand an. Aber Widerstand gegen was oder wen? Und ist nicht ihr eigene Zukunft ungewisser denn je? Rentenversicherungen, Banken- oder Fondsmanager tönen von sicherer Zukunft und ertragreicher Geldanlage, während die öffentliche Verschuldung jedes bisher gekannte Maß übersteigt, während notwendige Investitionen nicht mehr finanzierbar sind.

Schauen Sie genau hin. Auch wenn der Anblick wehtut. Das Verhältnis der Dinge zueinander ändert sich in rasantem

Tempo. Ich will die Veränderungen sichtbar machen und zeigen, inwiefern sie uns alle angehen. Wir müssen uns verändern, um mithalten zu können. Wenn sich die Arbeitswelt verändert, trifft es fast alle. Für viele wird es schmerzhaft, für manche nicht, betroffen sind wir alle.

Wer berufstätig ist, als Angestellter oder Arbeiter sein Gehalt bezieht und noch ein paar Jahre vor sich hat, der wird mit einer veränderten Arbeitsumgebung, einer veränderten Arbeitsweise und neuen Einkommensquellen konfrontiert werden. Nur wer sich auf diese Veränderungen vorbereitet, wird weiter erfolgreich arbeiten können.

Doch nicht nur Berufstätige, auch Rentner werden die Veränderungen der Arbeitswelt zu spüren bekommen. Könnte sein, dass die zu erwartende Revolution auch die sozialen Systeme einschließlich der gesetzlichen Rentenkasse und der privaten Versicherungen erschüttert.

Die Jungen unter uns, die vor der Berufswahl stehen oder vor einer Ausbildung oder schon mittendrin stecken, sollten sich darauf einstellen, dass sie sich immer wieder verändern und weiterbilden müssen oder dürfen (je nach Einstellung), wenn sie im Job glücklich und erfolgreich sein wollen.

Ich möchte mit diesem Buch verdeutlichen, dass es nur dann positiv für uns weitergehen wird, wenn wir uns mit den Neuerungen auseinandersetzen und Strategien entwickeln, um in einer veränderten Arbeitswelt zurechtzukommen. Mit dem oft dahergesagten Spruch »Alles wird gut!« kommen wir diesmal nicht durch.

Michael Opoczynski, Mainz im Juli 2020

PS: Noch ein Hinweis: Wann immer ich in diesem Buch eine genaue geschlechtliche Zuschreibung verwende, was bestimmte Berufe oder Arbeitsformen anbelangt, also zum Beispiel »den

Arbeiter«, »die Pflegerin« oder »der Freelancer«, sind jeweils auch die anderen Geschlechtszuschreibungen intendiert, also, um bei dem Beispiel zu bleiben, »die Arbeiterin«, »der Pfleger« oder »die Freelancerin«. Die Nichterwähnung im jeweiligen Fall ist allein der Lesbarkeit des Textes geschuldet.

DIE BRAUCHEN EUCH NICHT MEHR

WIE IBM SEINE ZUKUNFT OHNE FESTE MITARBEITER PLANT

Die Zukunft eines großen Unternehmens ohne Angestellte, mit vielen freien Mitarbeitern? Darüber wird mehr oder weniger laut nachgedacht. Die neuen scheinbar freien Mitarbeiter können dann die Roboter einschalten, die sie ersetzen sollen. Alles ist möglich, aber möglichst ohne Menschen.

Unternehmen der IT-Branche wie IBM sind nicht nur innovativ bei der Entwicklung neuer Produkte, sondern manchmal auch, wenn es um die eigene Arbeitsorganisation geht. Deswegen hat IBM, einer der Großen der Branche, schon mal über die Abschaffung der eigenen Leute nachgedacht.

Die schöne neue Welt von IBM sollte so aussehen: Nur noch wenige feste Mitarbeiter lenken die Geschicke des großen Konzerns. Wie Steuerleute auf der Brücke eines Supertankers. Weil es aber notwendig ist, Produkte und Dienstleistungen mithilfe vieler Menschen anzubieten, sollten diese auch weiterhin beschäftigt werden – nur auf einer anderen Basis als bisher. Die meisten von ihnen sollten als Externe arbeiten. Mit Honorarverträgen. Gut bezahlt, aber nicht fest angestellt. Klingt zunächst einmal recht harmlos. Aber nur, wenn man mit dem Namen des Unternehmens IBM nicht allzu viel verbindet.

Hier ein paar Fakten: IBM hatte früher 400 000 Mitarbeiter. Dann ging es abwärts, aber immerhin: Es waren im Frühjahr

2020 noch etwa 350 000 Mitarbeiter. Fest angestellt, weltweit. In Deutschland waren es in den besten Zeiten 25 000 Beschäftigte, dann gab es immer wieder Entlassungswellen. Heute sind es noch an die 15 000 Mitarbeiter. Jetzt – im Corona-Krisenmodus – hat das Management einen weltweiten Stellenabbau angekündigt, von dem nicht bekannt ist, wie schlimm er ausfallen wird.

IBM ist – trotz des deutlichen Abstands zu Amazon, Google und Microsoft – ein Großunternehmen aus der Welt der Internettechnologie und der künstlichen Intelligenz. Mit achtzig Milliarden Dollar Umsatz im Jahr und ordentlichem Gewinn. Und dennoch gab es schon lange vor der Pandemie diesen Plan, der weltweit aufhorchen ließ und der bei manchen Erschrecken auslöste. Es ging um die extreme Reduktion der Belegschaft. Die festen Verträge fast aller Mitarbeiter sollten aufgelöst werden. Ein kleiner harter Kern ausgenommen. Dieser sollte dann alles leiten, über Projekte entscheiden und Aufträge vergeben. Alle anderen würden nicht mehr auf der Payroll stehen, jedenfalls nicht als feste Mitarbeiter. Das war der Plan. Eine Revolution. Ein Großkonzern mit großem Umsatz, großem Gewinn – und fast ohne Beschäftigte?

Wie schön, denkt sich der Personalchef, endlich ist Schluss mit dem Verwaltungskram, den Lohnüberweisungen, den Krankmeldungen, den Fortbildungen, den Zahlungen an die sozialen Sicherungssysteme (letzteres ist ja besonders in Deutschland extrem lästig). Schluss mit dem dauernden Ärger mit dem Betriebsrat oder den Gewerkschaften (die sind ja in Deutschland besonders stark). Schluss mit der mühsamen Disposition, wenn Leute krank werden, wenn sie Urlaub beantragen, wenn die Frauen schwanger werden. All diese anstrengenden menschlichen Dinge, die das erfolgreiche Führen eines Unternehmens behindern – weg damit!

Für IBM in Deutschland würden damit herrliche Zeiten anbrechen, denn Gesetzgebung hier ist so viel strenger als im

Mutterland USA. In Deutschland dürfen die gewerkschaftlich organisierten Mitarbeiter mitreden. Kaum zu glauben, was die Deutschen alles zulassen, das ist ja fast schon Kommunismus!

So sagte das zwar niemand wörtlich bei IBM. Aber vielleicht hat man es gedacht, als man diese Idee zum Laufen bringen wollte. Jedenfalls wäre es für die deutsche IBM-Bilanz verlockend, wenn Umsatz und Gewinn nicht mehr belastet würden von den Kosten einer großen fest angestellten Belegschaft. Aus Management- und Aktionärssicht wäre es schlichtweg wunderbar, wenn der Gewinn von freien Mitarbeitern erwirtschaftet würde.

Als IBM vor einiger Zeit dieses Projekt mit dem schönen Namen »Liquid« munter und mutig ankündigte, rechnete man wohl mit einer begeisterten Aufnahme in der Öffentlichkeit, mit dem Neid der Konkurrenz, vielleicht sogar mit der Zustimmung der Belegschaft. Den allgemeinen Aufschrei? Den erwartete man nicht. Es gab ihn aber, diesen Aufschrei.

In den Medien wurde über den Liquid-Plan mit deutlicher Missbilligung berichtet. Es gab öffentliche Empörung, die weit über die übliche Aufregung bei Konflikten zwischen Management und Belegschaft hinausging: Die wollen ihr Stammpersonal davonjagen! Die wollen die Alten loswerden und nur noch die Besten und Jüngsten mit Werkverträgen beschäftigen! Die wollen jeden einzelnen Auftrag benoten wie einen Schulaufsatz, und wer zweimal, dreimal eine Vier oder gar eine Fünf bekommen hat, der soll für immer draußen bleiben. Dagegen formierte sich ein breiter Widerstand, der den Ruf des Konzerns zu beschädigen drohte. Das hatte das Management vollkommen unterschätzt. Wer will schon Dienstleistungen in Anspruch nehmen von einer Firma, die als unmenschlich gilt?

Was tat IBM daraufhin? IBM tat einfach – nichts! Was sehr geschickt war. Das Programm Liquid wurde nicht in Angriff genommen, obwohl mittlerweile ein paar Jahre vergangen sind.

Aber es wurde auch nichts widerrufen, nichts abgesetzt, nichts dementiert. Bis heute wurde Personal zwar langsam abgebaut (in etwa minus 10 000 Arbeitsplätze pro Jahr), aber längst nicht so radikal, wie einst angekündigt. Von dem großen Ziel hat man sich zwar nie ausdrücklich verabschiedet. Von der Umsetzung im Hier und Jetzt aber schon. Wenn aktuell ein Stellenabbau als Folge der Corona-Krise angekündigt wird, bleibt offen, ob es eine krisentypische Entlassungswelle ist oder ob man unter dem Vorwand der Krise Liquid aufleben lässt.

Auf eine aktuelle Nachfrage des Autors bei der deutschen IBM-Zentrale wird so reagiert: »Lieber Herr Opoczynski, vielen Dank für Ihre Anfrage. Ihre E-Mail haben wir an die zuständigen Kollegen weitergeleitet. Wir bedanken uns für Ihre Geduld und verbleiben ...« Die »zuständigen Kollegen« haben nie reagiert. Entweder weil es auch sie nicht mehr gibt. Oder weil ihnen keine vernünftige Antwort eingefallen ist.

Wenn man sich heute unter deutschen Ex-IBM-Mitarbeitern umhört, dann erfährt man wenig Positives. Ein paar Stimmen gefällig?

> »Totalversagen und Eiseskälte. Innerhalb der nächsten Jahre sollen vier von fünf Jobs entfallen.«
> »Wenn ich erzählte, ich arbeitete bei IBM, gab es immer wieder anerkennende Kommentare. IBM hat meines Erachtens nach außen einen guten Ruf – umso erschreckender ist es dann, die internen Zustände kennenzulernen ... Mir scheint, das Unternehmen zehrt von seinem Ruhm aus früheren Tagen, kriegt heute aber nicht mehr allzu viel auf die Reihe.«
> »Management mit Empathielosigkeit und Kadavergehorsam.«
> »Das war mal 'ne gute Firma, und alle Mitarbeiter waren stolz, dabei zu sein.«

»Schwätzer und Blender sind hoch angesehen.«
»Strohmänner für die amerikanische Firmenleitung.«
»Der Leidensdruck wird durch die Unternehmenslei-
tung erhöht, um die Mitarbeiter zum Jobwechsel zu
motivieren und die Verlagerung von Jobs in Billiglohn-
länder zu beschleunigen.«
Und schließlich, quasi als Bestätigung für die Gesamt-
entwicklung: »Die gute alte IBM – das war mal und ist
schon lange vorbei.«

Die gute alte IBM? Wovon redet der?

IBM: Die drei Buchstaben stehen für einen der ganz großen
Namen der amerikanischen Wirtschaftsgeschichte. Es begann
gegen Ende des 19. Jahrhunderts mit dem aus einer deutsch-
stämmigen Familie kommenden Herman Hollerith. Er war ein
genialer Erfinder, der die Firma Tabulating Machine Company
gründete und die nach ihm benannten Hollerithmaschinen
entwickelte, mit denen man systematisiert zählen und rechnen
konnte. Aus dieser Firma wurde in den Zwanzigerjahren des
vergangenen Jahrhunderts IBM, kurz für International Business
Machines.

Mit Büromaschinen und Schreibmaschinen begründete IBM
seinen Ruf, entwickelte sich zum Computerhersteller, zum
Hardware- und schließlich zum Software- und Beratungsun-
ternehmen. Der Konzern wuchs, gedieh und machte gute Gewinne. Doch manchmal lag man in der langen Unternehmens-
geschichte auch ziemlich daneben. Bis heute lacht man intern
über den Satz des Vorstandschefs Thomas Watson, der 1943
sagte: »Ich denke, es gibt weltweit einen Markt für vielleicht
fünf Computer.« Man bemerkte im Unternehmen gerade noch
rechtzeitig, dass der Chef damit nicht ganz richtig lag. IBM stieg
schließlich doch entschlossen in den Bau von Großrechnern ein,
jene raumfüllenden Riesenmaschinen mit den charakteristi-

schen Spulen und Magnetbändern. Auch der Personal Computer wurde später als Erfolg versprechende Geschäftsidee entdeckt, als Antwort auf die Macs aus dem Hause Apple. Die IBM-Laptops, die sogenannten ThinkPads, eroberten erfolgreich den Massenmarkt.

Irgendwann entschied das IBM-Management, sich von der Hardware, den Business Machines, den Großrechnern und den PCs, ganz abzuwenden und sein Glück mit dem Beratungsgeschäft und Dienstleistungen zu versuchen. Ganze Produktlinien wurden eingestellt. Das ThinkPad-Geschäft wurde an Chinesen verkauft, heute kommen die Laptops von Lenovo.

Dabei steht der Konzern immer noch und immer wieder für außergewöhnliche Produkte und Leistungen. Stichwort Watson. Der legendäre IBM-Chef Thomas J. Watson, der seinerzeit so falsch lag mit seiner Einschätzung zur Zukunft des Computers: Er lenkte den Konzern vierzig Jahre lang, bis zum Jahr 1955. Watson ist für IBM eine Legende. Und so benennt man heute bei IBM eine rechnende Roboterintelligenz nach ihm. Ein Programm, das geeignet ist, die Welt der Arbeit radikal zu verändern.

Dieser künstlich-intelligente Watson macht Menschenarbeit überflüssig. Zum Beispiel so: Sie rufen bei einer Fluggesellschaft an, weil Sie einen Flug von hier nach da buchen wollen. Und dann? Sie glauben, am Telefon hätten Sie es jetzt mit einem Kundenberater zu tun? Einem Menschen? Oder Ihre schriftliche Anfrage werde von einem Angestellten der Linie bearbeitet? Das war einmal!

Heutzutage kommunizieren Sie mit einem sogenannten Chatbot, einem Roboter, der mit hoher Wahrscheinlichkeit von der Watson-Familie abstammt. Er kennt die Flugverbindungen perfekt, er weiß ganz aktuell, wo noch freie Plätze sind, vielleicht weiß er auch, dass Sie schon mehrfach nach Flügen gesucht haben, dass viele Menschen gerade Flüge zu diesem Ziel buchen, weil dort, wo Sie hinwollen, eine große Messe ansteht. Er schließt daraus, dass Sie diesen Flug dringend brauchen und zieht somit die für seinen Auftraggeber relevanten Rückschlüsse: Es darf für Sie ruhig ein bisschen teurer werden, denn Sie benötigen diese Verbindung sehr dringend. Das alles kann dieser IBM-Rechner, weil er mit sogenannter künstlicher Intelligenz ausgestattet ist. Er kann es besser als ein Mensch. Er kann es Tag und Nacht, sieben Tage in der Woche, er wird nicht krank, ist nie unpässlich und nie unhöflich. Perfekt! Jedenfalls für die Fluggesellschaft. Pech für die Mitarbeiter, die diesen Job bisher machten. Und schließlich auch Pech für Sie, den Endkunden. Denn der Roboter ist schlauer als Sie, schneller als Sie und beim Verhandeln härter als Sie.

Ein anderes Beispiel: Beim Fußballspielen mit den Nachbarskindern hat Ihr Kind nicht das Tor, sondern die Fensterscheibe des Nachbarn getroffen. Wenig später kommt dieser mit der Reparaturrechnung zu Ihnen. Sie reichen die Rechnung des Glasers bei Ihrer Haftpflichtversicherung ein und warten auf die Erstattung des Rechnungsbetrags. Die Versicherung jedoch hat aufgerüstet. Statt eines Sachbearbeiters kommt ein Roboter zum Zuge. Es schlägt die Stunde der künstlichen Intelligenz à la Watson. Während bisher Fachleute die Rechnung und die Schadensmeldung auf ihre Plausibilität überprüften, die Police anschauten und Rechtstexte wälzten und dabei mal mehr oder mal weniger gut waren, vielleicht manchmal auch kulant, entscheidet Watson (der viel mehr als die Menschen im Speicher hat) in kürzester Zeit: Alles stimmt. Rechnung überweisen. Fall abgeschlossen. Oder vielleicht auch nicht. Das ist ja schon die dritte ähnliche Rechnung innerhalb weniger Monate. Watson merkt das und entscheidet: Die Rechnung wird bezahlt, aber anschließend wird der Versicherungsvertrag umgehend gekündigt. Darf der das? Ja, er darf. Er kann. Er hat die Rechtslage und die Präzedenzurteile alle parat. Er erwartet, dass das fußballbegeisterte Kind des Kunden für weitere Haftpflichtschäden sorgen wird. Das wird zu teuer, denkt Watson. Er ist nun mal ein alleswissender Streber. Kein Mensch kann da mithalten. Für die Versicherung ist das natürlich gut. Sie spart Zeit, Geld und Personal. Während zuvor qualifizierte und damit teure Sachbearbeiter die Versicherungsfälle prüften, übernimmt das nun alles der Roboter.

Und nicht nur für die Versicherungsangestellten ist diese Entwicklung von Nachteil, auch für uns als Versicherte. Denn es wird nicht leicht sein, nach dem Rauswurf aus der Haftpflichtversicherung einen neuen Versicherer zu finden. Der Roboter hat sich kollegial mit den anderen Versicherungen vernetzt. Gemeinsam führt man eine schwarze Liste. Wer bei einer Versicherung rausfliegt, kann dies den neuen Versicherern also nicht verheimlichen. Unter diesen Umständen einen Versicherer zu finden, wird somit schwer und teuer.

Der künstlichen Intelligenz haben wir bisher wenig entgegenzusetzen. Vielleicht wird es irgendwann auch ein Hilfsprogramm für die Versicherten geben, das der Gegenseite rechtzeitig vorhält, dass andere Versicherungen billiger und kundenfreundlicher sind. Dann könnten sich die Programme gegenseitig beharken ... noch ist so etwas aber eine bloße Träumerei.

Neben den Versicherungen arbeiten auch andere Branchen bereits mit Programmen, die Menschen ersetzen können. Jedoch nicht immer zu deren Nachteil, wie ein kurzer Blick in die Gesundheitsbranche verdeutlicht: Wer zu einem Arzt geht, hofft, dass dieser seine Patienten auf Grundlage des neuesten medizinischen Forschungsstands behandelt. Aber selbst ein bestens informierter erfahrener Arzt ist der medizinisch geschulten künstlichen Intelligenz unterlegen. Denn die versammelt das ständig aktualisierte Wissen vieler Forscher und Mediziner und ist damit stets auf dem neuesten Stand. So kann zum Beispiel eine Blutanalyse entweder von einer medizinischen Fachkraft ausgeführt werden oder inzwischen vereinzelt bereits von einem Rechner. Der Rechner ist dem Menschen überlegen. Denn er ist penibler und korrekter, er verschätzt sich nie, er hat keine guten oder schlechten Tage. Er ist einfach immer bestens präpariert. Ihm gehört die Zukunft, und wir Patienten profitieren davon. Die medizinische Fachkraft aber verliert ihren Job.

So wirkt sich also die schiere Existenz des Großkonzerns IBM doppelt negativ auf die Entwicklung des Arbeitsmarkts aus. Zum einen, indem auf längere Sicht das eigene fest angestellte Personal weitgehend abgeschafft werden soll, um dann mit Freelancern über die Runden zu kommen. Zum anderen, indem diesen freien Mitarbeitern aufgetragen wird, künstliche Intelligenz fortlaufend weiterzuentwickeln, damit andere menschliche Arbeitskräfte bei anderen Unternehmen abgeschafft werden können. Das große Ziel ist es, Kosten zu sparen, wenn auch zulasten der eigenen Belegschaft. Na, wenn das nicht schön ist. Für IBM.

Es geht auch anders

»MITTAGS GEH ICH HEIM!«

WIE DETLEF LOHMANN SEINE LEUTE BEHANDELT

Es geht auch anders. Der von Managern mit Eifer betriebene Abbau von fest angestelltem Personal ist keineswegs unumgänglich. Firmen können auch erfolgreich sein und Gewinn machen und gleichzeitig mit den Mitarbeitern sorgsam umgehen. Das sind dann allerdings Unternehmen, die sich deutlich von den Betrieben der »Kostenkiller« unterscheiden. Sie werden anders geführt, setzen sich andere Ziele. Folglich herrscht dort auch ein anderes Klima. Die Mitarbeiter werden wertgeschätzt und bringen sich mit ihrem Wissen engagiert und motiviert in den Betriebsablauf ein. Hier ein Beispiel:

Detlef Lohmann ist Geschäftsführer von allsafe, einem mittelständischen Unternehmen der Metallindustrie. 300 Mitarbeiter. Firmensitz in Engen am Bodensee. Die Firma ist seit vielen Jahren sehr erfolgreich, mit jährlich wachsenden zweistelligen Umsatzrenditen, mit hohen Exportquoten und gesundem Wachstum.

allsafe stellt Sicherungssysteme für Ladegut in Lastwagen und Flugzeugen her, auch Befestigungs- und Sicherungssysteme für Sitze in Flugzeugen. allsafe ist also im buchstäblichen Sinne ein Produktversprechen, denn würden sich Kästen oder Container während einer Fahrt oder eines Fluges ungewollt in Bewegung setzen, würde es schnell gefährlich – nicht nur für den Lkw oder das Flugzeug, sondern für die Allgemeinheit. allsafe garantiert, dass dieses Risiko nicht eintritt. Und damit ist man Marktführer geworden, ein sogenannter »Hidden Champion«, ein in seinem Bereich führendes Unternehmen, das man in der Öffentlichkeit nicht kennt.

Lohmann, heute Anfang sechzig, kam aus der Automobilindustrie, wo er als Abteilungsleiter in einem Weltkonzern gearbeitet hatte. Aufstiegschancen sah er dort nicht. Ohnehin war ihm die Welt der strengen Hierarchien zu eng. Er wollte es in seinem Betrieb besser machen und verzichtete deshalb auf ein statisches, konventionelles Managementsystem. Stattdessen führte er die Demokratie im Unternehmen ein. Demokratie? Heißt das, jeder kann machen, was er will und wann er will? Keineswegs! Das, so sieht es Lohmann, wäre Anarchie und vermutlich bald das Ende des Unternehmens. Demokratie im Betrieb ist – ähnlich wie in unserer demokratischen Gesellschaft – die etwas anstrengendere, aber letztlich bessere, lohnendere und befriedigendere Organisationsform, bei der alle mitmachen können und sollen.

Ist Demokratie im Betrieb also tatsächlich eine neue zukunftsträchtige Form der Arbeit? Wie läuft das genau ab und wie geht es den Angestellten damit?

Lohmann berichtet über seine Anfänge als Firmenchef von allsafe: »Ich kam vor zwanzig Jahren in den Betrieb und hatte keine Ahnung. Jeder einzelne Mitarbeiter wusste mehr über die Abläufe und die Produkte als ich.« Deshalb entschied er sich dafür, einen Teil seiner Macht an seine erfahrenen Mitarbeiter abzugeben. Im Gegenzug forderte er verstärktes Engagement. Zu Beginn sorgte dieser neue Führungsstil für große Unruhe unter den Mitarbeitern. Lohmanns Demokratiebestreben traf auf Unverständnis: »Es ist doch alles gut bei uns! Das Unternehmen läuft! Was will der neue Chef eigentlich?«

In dieser Anfangsphase nahm sich Lohmann einen Berater, einen »Übersetzer«, wie er ihn nennt. Der Unternehmensberater Michael Lehmann begleitete den Prozess, in dessen Folge Mitarbeiter und Chef lernten, auf eine neue Art und Weise miteinander umzugehen. In kleinen Gruppen wurde das Modell vorgestellt, diskutiert, angepasst. Herausgekommen ist dabei folgendes Verfahren: Die Mitarbeiter erfahren in den Produktionshallen auf Informationstafeln, wo das Unternehmen aktuell steht. Sie erhalten Einblick in Auftragszahlen, Einnahmen, Ausgaben und Planungen und sollen mit darüber entscheiden, wie Aufträge abgewickelt werden, was man verbessern kann, wo es an etwas mangelt. Der Berater Lehmann sagt: »Wer sich bei allsafe einbringt, der wird anerkannt. Wer lernt und sich fortbildet, der wird belohnt. Es funktioniert.«

Es funktioniert nicht nur, es trägt entscheidend zum Unternehmenserfolg bei. Inzwischen hat diese Methode Eingang in die Managementliteratur gefunden und erlebt unter dem Begriff »agil« ihre Blüte. Berater Lehmann: »Der Lohmann war schon agil, als andere mit dem Wort noch nichts anfangen konnten.« Dennoch, sagt Lohmann selbst, würden andere Unternehmer oder Manager das alles mit großem Misstrauen sehen, weil es mit einem Verlust ihrer Entscheidungsgewalt verbunden sei. Die meisten Chefs wollten Ansagen machen können und seien der Tradition der hierarchischen Führung verhaftet. Das gilt ebenso für die andere Seite. Es gebe Mitarbeiter, die mit der Demokratie im Betrieb nichts anfangen könnten, weil es ihnen lieber sei, wenn man ihnen klar sagt, was zu tun ist. Diese Mitarbeiter entziehen sich, wenn die Gruppen zusammentreten und diskutieren. »Macht nichts«, sagt Lohmann, »wir zwingen niemanden zu nichts.«

Die meisten Mitarbeiter aber haben das System verinnerlicht. In Gruppen entscheiden sie über Neueinstellungen, über Verbesserungen am Arbeitsplatz, über Investitionen und die Verteilung des Gewinns. Es muss also zum Beispiel in der Gruppe darüber beraten werden, ob eine Frau oder ein Mann eingestellt werden soll. Man sieht und hört sich die Bewerber gemeinsam an, man beobachtet sie gemeinsam in der Probezeit. Und entscheidet gemeinsam über die Festanstellung. Oder, eine andere und eher problematische Situation, man entscheidet sich in der Gruppe, einem Mitarbeiter, der gerne hin und wieder montags oder freitags ohne Begründung zu Hause bleibt, ein Signal zu senden, dass das auf Dauer nicht akzeptiert wird.

Natürlich ist der demokratische Betrieb anstrengender als der autoritär geführte. Aber letztlich dann auch besser. Für alle. Geschäftsführer Lohmann war sich bewusst, dass er herausragende Arbeitskräfte benötigt, um ein herausragendes Produkt anbieten zu können. Um gute qualifizierte Bewerber in die Provinz zu locken, bedurfte es besonderer Angebote. Es ist diese Arbeitsform, die praktizierte Betriebsdemokratie, die engagierte Mitarbeiter zu allsafe führt und vor allem auch langfristig hält. Weil Lohmann aber der Meinung ist, dass diese Form der Arbeit nur in Kleingruppen und damit nur in mittelgroßen Betriebsstätten möglich ist, hat er, wie er sagt, »Zellteilung« betrieben. Der zweite Betrieb von allsafe entstand in Fürstenwalde bei Berlin. Auch dort wird von Anfang an »agil« gearbeitet.

Der Manager Lohmann geht mit seinem Modell gerne auf Reisen, präsentiert sich bei Podiumsdiskussionen und hat sich als Autor hervorgetan. Der nicht ganz ernst gemeinte Titel seines Buchs (»... *und mittags geh ich heim*«) kokettiert mit seinem Managementmodell. Auch wenn es nur in kleinen Einheiten funktioniert und so nicht auf Großbetriebe übertragen werden kann, ist es ein bemerkenswertes Modell. »Wenn Sie noch Fragen haben, rufen Sie mich an«, sagt Lohmann nach dem Interview. »Aber vormittags! Denn Sie wissen ja: mittags geh ich heim.« Er grinst.

Das erste Interview wurde »vor Corona« geführt. Das zweite dann Monate später. Inzwischen hat das Virus seine vernichtende Schneise durch die deutsche Unternehmenslandschaft geschlagen. Ich rufe vorsichtig bei der Firma allsafe an und frage nach Lohmann. Die Vorsicht ist unbegründet. Der Chef ist überraschend guter Dinge. Ihm persönlich geht es gut, aber auch das Unternehmen steht unerschütterlich. Obwohl das Auftragsvolumen um bis zu dreißig Prozent zurückging. Die Krise der Luftfahrt machte sich bemerkbar, aber die starke Nachfrage nach Lkw-Fracht bescherte allsafe weiter gute Aufträge. In den kritischen Monaten wurden die Teams geteilt, Zwei-Schicht-Betrieb wurde eingeführt. Die Arbeitsgruppen arbeiteten strikt getrennt, damit ein Krankheitsfall nicht die gesamte Produktion stilllegen konnte. »Wir werden letzten Endes besser dastehen als vor der Corona-Krise«, sagt Lohmann. »Denn unsere jahrelang eingeübte Dezentralität und Agilität wird jetzt ihre volle Stärke entfalten.« Was man unter normalen Bedingungen geübt habe, zahle sich jetzt aus. Das gibt es also auch: Ein Unternehmen, das aus der Krise nicht geschwächt, sondern gestärkt hervorgeht.

NO RISK – NO FUN!

WIE SPEDITIONEN IHRE FAHRER ABSCHAFFEN

Wer braucht noch Lkw-Fahrer im Zeitalter selbstfahrender Lkws? Wer noch Taxifahrer? Die Zukunft von Logistik und Verkehr liegt in den Händen der Roboter. Zu Lande, zu Wasser und in der Luft. Die schöne neue Welt minimiert angeblich die Risiken, minimiert den Platzverbrauch, senkt die Kosten. Aber: Was wird aus den Fahrern, Seemännern, Piloten? Und wer trägt am Ende die Verantwortung, wenn etwas schiefgeht?

Zuletzt wurden sie unter die Helden des Alltags eingereiht: die Lastwagenfahrer. Die trotz der Corona-Krise mit ihren Trucks durch das Land fuhren und uns mit Lebensmitteln versorgten. Normalerweise werden sie verflucht, weil sie die Straßen verstopfen. Aber in der Krise wurden sie verehrt. Sogar die Aufhebung des Sonntagsfahrverbots für die Vierzigtonner nahmen wir zustimmend zur Kenntnis. Ich sage: Lange wird dieser Ruhm nicht anhalten!

Noch gibt es sie, jene Lkw-Fahrer, die ihre Trucks lieben. Die ihre großen und schweren Fahrzeuge sorgfältig in Schuss halten, sie selbst durch die Waschhallen fahren, das Führerhaus putzen. Und dann gibt es sogar jene, die das Fahrzeug per Airbrush verzieren, aufpeppen, ein lautes mit Druckluft betriebenes Signalhorn auf dem Dach, persönliche Dinge im Führerhaus. Das sind meist jene Fahrer, denen der Truck gehört. Die ihr Fahrzeug wie eine Persönlichkeit behandeln. Die sich auf das Fahren freuen.

Aber dieser Beruf hat sich verändert, der Stress hat zugenommen. Weil die Staus den Terminplan gefährden. Weil die Angst, ein Stauende zu übersehen und in einen schlimmen Unfall verwickelt zu werden, immer mitfährt. Weil die überfüllten Übernachtungsplätze am Abend den letzten Nerv kosten. Auch weil die Billigkonkurrenz aus Osteuropa den Markt kaputt macht. Noch wächst die Flotte der Lkws. Noch werden Fahrer gesucht. Aber es ist ein Boom kurz vor der Endzeit. Tief greifende Veränderungen zeichnen sich ab.

Die gute Nachricht zuerst: Die schlimmen Auffahrunfälle wird es bald nicht mehr geben. Die schlechte (aus Sicht der Fahrer): Sie werden bald nicht mehr gebraucht. Ihre Rivalen stehen bereits in den Startlöchern: Die ersten autonomen Fahrzeuge bahnen sich ihren Weg.

Viele private Autofahrer kennen die sogenannten Assistenzsysteme im Auto. Sie helfen beim Einparken. Sie sorgen dafür, dass man auf Landstraßen und Autobahnen die Fahrspur einhält. Die Assistenzsysteme bremsen das Fahrzeug bei Stau. Bei langsamer Fahrt in der Stadt verhindern sie Unfälle mit Fußgängern. Vieles gibt es schon in der Praxis und im Alltag. Im Erprobungsbetrieb fahren erste komplett selbst gesteuerte und beschleunigende Autos, in Deutschland unter den kontrollierenden Blicken der Testfahrer. Im Ausland ist man da etwas lockerer und riskiert auch mehr.

Irgendwann werden die Nostalgiker sich erinnern. Wie schön es war, mit einem offenen Zweisitzer, so einem richtig altmodischen Roadster, in den Frühling zu fahren. Die »Dame« oder der »Herr« legte eine behandschuhte Hand leicht auf das hölzerne Lenkrad, während mit der anderen geschaltet wurde. Der Motor röhrte, der Auspuff knallte, eine schwarze Abgasfahne zeigte den Augen und den Nasen der Zurückbleibenden unbekümmert die Leistung. Das waren Zeiten!

Solche Autos stehen heute schon im Technikmuseum. Die Fahrerhandschuhe warten bei eBay auf nostalgische Bieter, die Damen- und Herren-Fahrer leben nicht mehr oder wenn, dann fahren sie jetzt Rollatoren.

Aber die Lkw-Fahrer, diese sogenannten Trucker, die gibt es noch. Sie stehen mitten im Berufsleben, es sind allein in unserem Land Hunderttausende, weltweit Millionen Männer (fast ausschließlich Männer). Was die nicht wissen: Auch sie werden Museumsreife erlangen. Oder härter gesagt: Sie werden arbeitslos.

Der Lkw ist dem Pkw bereits voraus. Die Digitalisierung steht vor dem Siegeszug. Jedenfalls weiß man bei den modernen Firmen, die sich schon lange nicht mehr Fuhrbetrieb oder Spedition nennen, sondern lieber Logistikunternehmen, was demnächst kommt.

Vor Jahrzehnten gehörte zum Beruf des Berufskraftfahrers der Duft des Abenteuers. Die Fahrer kämpften sich allein am Lenkrad ihrer Lastzüge durch die widrige Welt, durch Sturm und Regen, Schnee und Eis. Bis sie dann mit ihrer wichtigen Ladung am Ziel fröhlich empfangen wurden. Wenn heute der Trucker eines modernen Logistikunternehmens auf der A 9 von Bayern kommend in Richtung Leipzig fährt, weiß zeitgleich der Disponent des Unternehmens in seinem Münchner Büro alles über diese Fahrt und über die Fuhre. Er kennt dank GPS-Tracker die Position des Fahrzeugs. Er weiß, ob demnächst ein Stau den Lkw behindern wird. Er kennt die Ladung und ihr Gewicht, er weiß, ob im Laderaum noch Platz ist für eine Zuladung. Er kennt das Ziel. Und noch mehr: Er weiß, welcher Typ Lkw da unterwegs ist, wann er zur Wartung muss, wann ein Ölwechsel ansteht. Das ist die Gegenwart. Der Fahrer ist schon längst nicht mehr der Einzelkämpfer mit Entscheidungsbefugnis. Er ist nur noch ein Teilchen in einem Getriebe. Noch …

Und jetzt der Schritt in die Zukunft. Zeit für den Auftritt von Platooning. Platooning beschreibt die Zukunft eines Transportsystems für die zivile Welt. Beim Platooning (englisch für: Kolonne fahren) fährt ein Lkw voraus und eine Gruppe anderer hängt sich in geringem Abstand hinten dran. Die Fahrzeuge werden elektronisch gekoppelt, sodass das Ganze von Weitem wie ein Güterzug aussieht.

Vorteile für die Transportunternehmen: weniger Treibstoff, weniger Fahrer (nur vorn im ersten Fahrzeug soll noch einer sitzen). Vorteil für die anderen Verkehrsteilnehmer: weniger Platzverbrauch. »Das Platooning ist technisch schon heute machbar«, sagt der Chef des Lkw-Herstellers MAN, Joachim Drees. »Aber ganz ohne Mensch sicher nicht vor 2030.«

In Deutschland fehlt für die Umsetzung ein durchgehend starkes Mobilfunknetz. Aber lange wird sich der technische Fortschritt dadurch nicht mehr aufhalten lassen. Erst kommt Platooning, danach die vollkommene Autonomie der Fahrzeuge. Da sind dann endgültig viele Menschen betroffen, die bisher mit dem Fahren ihren Lebensunterhalt bestritten haben.

In den USA hat die Lkw-Sparte von Daimler sich die Mehrheit an einem Software-Unternehmen gesichert, das beim Erforschen des autonomen Fahrens schon weit vorangekommen ist. Übergeordnetes Ziel ist das Erreichen von Level vier. Gemeint ist die vollkommene Autonomie, das Fahrzeug trägt die volle Verantwortung im Verkehr, auch in schwierigen Situationen, zum Beispiel im städtischen Gewühl mit Stop-and-go-Verkehr, mit Fahrradfahrern und Fußgängern. Bei den schwerfälligen und massigen Lkws ist das noch etwas komplizierter als bei den Pkws.

Zurzeit arbeitet Daimler daran, Level zwei, also die Teilautonomie, in den Praxisbetrieb einzuführen. Dabei muss der Fahrer am Steuer sitzen, wird aber von Abstands- und Spurhalteassistenten unterstützt. In etwa zehn Jahren, also ab dem

Jahr 2030, ist der Fahrer dann weg. Dann soll es die volle Autonomie geben.

Auch große Lkws werden dann automatisch und autonom fahren, zügig, sicher und kontrolliert. Ohne Mensch am Steuer. Der Lkw der Zukunft wird auf seine Ziele programmiert. Dann fährt er los, ohne einen Fahrer zu benötigen.

Dieser Transporter der Zukunft versorgt sich unterwegs, falls notwendig, an automatisierten Stationen mit Treibstoff, Strom oder Wasserstoff. Er fährt schnurstracks und natürlich ohne Schlaf- oder Frühstückspause an sein Ziel. Dort manövriert er sich automatisch in die richtige Position zum Entladen. Entweder indem er sich in kürzester Zeit der mobilen Transportcontainer entledigt, oder indem er von automatisierten Gabelstaplern entleert und gleich wieder beladen wird.

All das benötigt kaum noch menschliche Arbeitskraft. Irgendwo in einem Terminal sitzt ein Mensch und blickt auf Monitore. Früher wurden Kraftfahrer und Gabelstaplerfahrer, Disponenten und Tankwarte sowie Kfz-Mechatroniker gebraucht. Aber das ist dann vorbei. Was aber wird aus den Fahrern? Das ist die Frage.

Es gibt allein in unserem Land etwa eine halbe Million Menschen, die mit dem Fahren von Lastwagen ihren Lohn verdienen. Momentan melden die Speditionen sogar erhöhte Nachfrage nach Berufskraftfahrern. Aber das wird schnell zu Ende gehen. Dann werden diese Fahrer eine andere Arbeit brauchen. Aber welche? Wie viele andere Arbeitnehmer in vergleichbaren Berufen machen sie ihre Arbeit nicht zufällig, sondern selbstbewusst. Sie arbeiten hart. Es wäre vermessen, auf sie herabzuschauen. Fahrer, ob in Lkws oder Bussen, üben eine verantwortungsvolle, anspruchsvolle Arbeit aus, konzentriert und fachmännisch. Wie wichtig sie tatsächlich sind, wurde in der Corona-Krise deutlich, als die Versorgungskette zu reißen drohte, weil Fahrer nicht über Grenzen kamen oder ihre Transporte gestoppt wurden. Es gehört schon eine gehörige Portion Unkenntnis dazu, diesen Menschen eine angeblich »bessere« Arbeit zu wünschen. Viele Fahrer wünschen sich vielleicht weniger Zeitdruck, eine bessere Bezahlung und einen anderen Umgang im Straßenverkehr. Aber wer jemals einem professionellen Fahrer über die Schulter geschaut hat, wird feststellen, dass dieser Mensch gerne fährt.

Für die Zukunft der Arbeit wird im Allgemeinen zweierlei vorhergesagt: Erstens, dass Berufstätige, die eine von Robotern zu ersetzende Arbeit ausüben, dann einfach eine andere Arbeit finden werden. Zweitens, dass sie darüber froh sein werden, weil man sie von einer langweiligen und nervenden Tätigkeit befreit hat. Stimmt das überhaupt? Welche Arbeit könnte das sein?

Seit Karl Marx 1844 seine sogenannten *Pariser Manuskripte* verfasst hat, ist der Begriff von der entfremdeten Arbeit bekannt. Er unterstellt, dass Menschen tagaus, tagein eine Arbeit verrichten, zu der sie keine persönliche Beziehung haben, die sie ausschließlich des Geldes wegen ausführen. Mit Handgriffen, die sie automatisch verrichten. Dass die Langeweile sie beherrscht und sie froh sind, wenn der Feierabend naht. Inzwischen weiß man, dass das so nicht stimmt.

Die belgische Wissenschaftlerin Isabelle Ferreras hat Frauen beobachtet, die in Supermärkten an der Kasse arbeiten. Eine Tätigkeit, die uns monoton erscheint. Wir unterstellen, dass die Frauen diesen Job nur in Ermangelung von Alternativen machen. Stimmt aber so nicht: Die Untersuchung ergab, dass die Frauen überwiegend an ihrer Tätigkeit hängen, weil sie ihnen mehr gibt als langweilige Routine. Sie fühlen sich autonom. Sie lieben den Kontakt mit Menschen. Ihre Arbeit ist ihnen wichtig. In der Corona-Krise waren dann die Kunden endlich bereit, diese Arbeit anzuerkennen. Verkäuferinnen und Kassiererinnen wurden plötzlich gelobt, respektiert, in der lokalen Presse in die Kategorie der »Heldinnen des Alltags« einsortiert. Am Gehaltsgefüge änderte sich nichts.

Für die Arbeitnehmer – ob sie an Supermarktkassen arbeiten, ein Fahrzeug lenken oder am Fließband stehen und einem fremdgesteuerten Takt unterworfen sind – kann ihre Tätigkeit, die wir als langweilig empfinden, befriedigend, ja sogar erfüllend sein. Hinter dem bedauernden Blick der akademischen Welt auf den »ausgebeuteten entfremdeten Arbeiter« lauert der Hochmut. Viele von uns können sich nicht vorstellen, dass einfache Tätigkeiten einen Menschen ausfüllen können.

Zurück zu der Situation der Lkw-Fahrer: Nicht alle, aber viele von ihnen, fahren gerne. Sie lieben ihre schweren Fahrzeuge mit den starken Motoren. Sie empfinden Stolz, wenn sie es schaffen, ihre Vierzigtonner durch lebhaften Straßenverkehr zu navigieren und ihre Güter pünktlich abzuliefern. So wie manche Arbeiterinnen und Arbeiter am Fließband stolz sind, wenn sie trotz Nachschubprobleme im Takt bleiben. Diese Frauen und Männer gehen nach getaner Arbeit müde nach Hause – müde, aber zufrieden. Entzieht man ihnen ihre Arbeiten, entzieht man ihnen einen Teil ihrer Lebensfreude. Natürlich könnte man ihnen raten: Macht doch einfach etwas anderes! Ob die Ausübung einer anderen Tätigkeit sie aber genauso glücklich macht, bleibt dahingestellt.

Was machen wir also mit den Fahrern? Einfach umsatteln lassen? Im Einzelfall mag das gelingen, etwa vom Fahrersitz auf den Platz eines Disponenten in einer Spedition. Aber das ist keine Lösung für eine ganze Berufsgruppe. Zumal das Problem nicht nur Lkw-Fahrer betrifft. Es gibt erste Taxis, die ohne Fahrer auskommen. Also ist die Vorstellung, dass sich alle diese Beschäftigten besser nach einem anderen Job umsehen sollten, keine bloße Utopie.

Autonomes Fahren wird schon bald auch bei ganz normalen, privat betriebenen Autos üblich sein. Der Fahrer, der lenkt und schaltet, wird zum Auslaufmodell. Vielleicht wird er eingreifen, weil er es ausdrücklich will und es ihm Spaß macht, selbst zu fahren. Vielleicht wird er sich auf seinen Oldtimer freuen, an dem er selbst herumschrauben kann, der noch ohne aufwendige Elektronik zum Laufen gebracht werden kann, der unter Einsatz physischer Kräfte gelenkt und geschaltet wird. Autofahren ohne technische Helfer wird damit zum Privatvergnügen einiger Nostalgiker werden.

Die Mehrheit der Frauen und Männer, die ihr Auto besteigen, werden künftig ihrer Navigation sagen, wo es hingehen soll. Das Auto wird sie umstandslos hinbringen. Vermutlich schneller, sparsamer und sicherer als heute. So zwiespältig ist der technische Fortschritt: Er revolutioniert den Straßenverkehr, nützt den einen und stürzt die anderen, die mit dem händischen Fahren ihren Lebensunterhalt bestritten haben, in die Krise.

In Paris oder Budapest gibt es heute bereits erste U-Bahn-Linien, die komplett ferngesteuert fahren. Funktioniert erfolgreich. In absehbarer Zukunft wird der städtische Personennahverkehr kein Fahrpersonal mehr brauchen. Diese vielen Beschäftigten werden nicht alle als Kontrolleure gebraucht (zumal moderne Systeme auch die menschliche Fahrkartenkontrolle überflüssig machen). Also noch mal die Frage: Was soll aus all diesen Fahrern werden?

Vor einigen Monaten hatte mich ein Mitarbeiter der Deutschen Bahn eingeladen. Ob ich Lust hätte, im Führerstand eines Intercity-Express-Triebkopfs mitzufahren. Natürlich hatte ich Lust. Also stand ich da hinter dem Triebzugführer, ganz vorn an der Spitze des Zuges. Wir fuhren auf der Strecke von Hannover Richtung Kassel, Geschwindigkeit mehr als 300 Kilometer in der Stunde.

Das war erstens ein erhebendes Gefühl: die Kraft und die Schnelligkeit zu spüren. Beim Blick aus dem Fenster im Großraumwagen erlebt man das weniger intensiv als beim Blick nach vorn auf die sich am Horizont vereinigenden Gleise. Zweitens aber war für mich bemerkenswert, dass der Lokührer während der Fahrt gar nicht so viel zu tun hatte. Der Zug fuhr im Bahnhof eigenständig an, regulierte unterwegs seine Geschwindigkeit nach den Vorgaben aus einem entfernten Stellwerk, er bremste von selbst im Zielbahnhof und kam präzise zum Stehen. Den Lokführer früherer Zeiten, den man als eifrigen Bediener von Hebeln und Handrädern zu kennen glaubt, den gibt es in den modernen und schnellen Zügen so nicht mehr. Er ist kein Arbeiter mit händischer Tätigkeit, sondern ein Kontrolleur. Er überwacht Monitore und Displays. Er blickt auf die Strecke, bereit für eine Schnellbremsung. Aber nur in Ausnahmefällen greift er ein.

Von da aus ist es nur ein kleiner Schritt bis zum autonom fahrenden Zug. Es wird ihn geben. Die Firma Siemens forscht mit Volldampf (die Formulierung sei erlaubt) an der Autonomisierung der Schiene. Das Unternehmen verspricht den Bahnbetrieben höhere Pünktlichkeit, Kapazitätssteigerungen und Energieeinsparungen. »Automatic Train Operations« nennt es sein Projekt.

Die Fachleute sehen auch, was sich außerhalb Europas tut. Da hat im vergangenen Jahr in der chinesischen Provinz Sichuan eine neuartige Straßenbahn ihren Betrieb aufgenommen. Ein öffentliches Verkehrsmittel mit mehreren Innovationen: Die Bahn benötigt keine Gleise, sondern sie fährt auf gummibereiften Rädern. Ihre festgelegte Strecke sucht sie sich mithilfe von GPS sowie optischer und anderer Sensoren. Sie benötigt keinen Fahrdraht, sondern bezieht ihre Energie aus Ladepunkten an den Endstationen. Ein Straßenbahnfahrer wird nicht mehr benötigt.

Weder die Entwickler noch die Bahnunternehmen machen darum viel Wind, aber sie alle wissen: Der Lokführer, der Triebzugführer, der U-Bahn-Fahrer oder wie immer man jene Personen nennen will, die vorn im Führerstand eines Gleisfahrzeugs stehen, sie alle haben keine Zukunft. Einen Streik der Lokführer, wie er vor Jahren die Deutsche Bahn an den Rand des Zusammenbruchs brachte, wird es auch nicht mehr geben. Der exklusiven Lokführergewerkschaft fehlt dann die Existenzberechtigung. Man munkelt, der damalige Gewerkschaftsvorsitzende habe dies gewusst und auch deshalb seinerzeit den Arbeitskampf auf die Spitze getrieben. Gewissermaßen sein letzter Kampf! Was aber wird aus Tausenden Lokführern? Macht man aus denen Zugbegleiter? Braucht man die? Und wollen die das überhaupt?

Auch der Luftverkehr bleibt von den personaleinsparenden Neuerungen nicht verschont. Wer schon einmal im Cockpit eines Flugzeugs mitfliegen durfte, der war sicher beeindruckt von der Vogelperspektive, aber auch von dem Stand der Technik. Mir ging es jedenfalls so, als ich bei einer Reportage über Luftfracht vorn in einer Lufthansa-Cargo-Maschine hinter den beiden Piloten sitzen durfte. So konnte ich miterleben, wie weit fortgeschritten das automatische Fliegen bereits ist. Nicht nur oben auf Reiseflughöhe hat der Autopilot das Sagen. Es kann auch bereits automatisch gestartet und gelandet werden, natürlich unter den kontrollierenden Blicken der Piloten. Natürlich nur beim störungsfreien und ruhigen Ablauf. Aber immerhin: Schon jetzt ginge es auch ohne den Menschen. Noch ist das aber nicht zulässig und angeblich wird es aus primär psychologischen Gründen auch nicht angestrebt. Die bloße Vorstellung, ohne Pilot in einem Flugzeug zu sitzen, verunsichert. Ohne diese Autoritätsperson, die Sicherheit und Ruhe ausstrahlt. Die sich vor dem Start meldet: »Guten Morgen, hier spricht Ihr Kapitän …!« Das könnte man natürlich auch vom Band abspielen. Die psychologische Wirkung wäre aber nicht die gleiche.

Noch ein Blick auf eine andere Berufsgruppe, die zwar nicht groß genug ist, um durch ihre Abschaffung die Arbeitswelt in eine Krise zu stürzen, aber dennoch Relevanz besitzt: die Schiffsbesatzungen. Schon heute arbeiten auf Supertankern oder riesigen Containerschiffen nur noch eine Handvoll Leute. Und auch sie werden im Zuge des technischen Fortschritts arbeitslos werden. Dank der Präzision von GPS können Schiffe irgendwann ohne Besatzungen auf Reisen geschickt werden. Den Kapitän muss man sich dann vorstellen wie den Piloten einer Drohne. Er sitzt irgendwo an Land in dem Büro seiner Reederei. Von dort aus kontrolliert er mehrere große Schiffe, die weltweit unterwegs sind. Auch den Ingenieur, der die Maschinen am Laufen hält, wird es so nicht mehr geben, denn die Schiffsmaschinen senden von unterwegs ihren aktuellen Wartungsstand und können bei Bedarf im nächsten Hafen auch gleich gewartet oder repariert werden.

Und auch die Landwirtschaft arbeitet schon heute hoch technisiert. Der Traktor oder Mähdrescher zieht GPS-unterstützt seine Bahnen. Da ist bei künftigem autonomem Einsatz nicht mehr viel einzusparen. Personal braucht es bis heute in den Gartenbetrieben, wo Spargel, Tomaten und weitere Gemüse- und Obstsorten oft noch von Menschen geerntet werden. Es sind schlecht bezahlte Hilfsarbeiten für sogenannte Saisonkräfte, aber immerhin: Für sie ist diese Arbeit unverzichtbar. Nur sollten diese Menschen sich in sehr naher Zukunft Alternativen überlegen, denn die Erntemaschinen sehen künftig anders aus. Sie werden mit sensiblen und individuellen Greifern ausgerüstet sein, die Früchte und Gemüse in großer Sorgfalt ernten können, automatisch gesteuert, während der Landwirt von seinem Büro aus nur hin und wieder einen Blick auf seinen Bildschirm wirft. Auch da wird also menschliche Arbeitskraft überflüssig, ohne dass wir heute wissen, was wir den Betroffenen als Ersatz bieten können.

Die zunehmende Digitalisierung wird sich auf fast alle Berufe im Transportwesen auswirken. Alle, die zur Zeit Lenkräder, Hebel und Pedale bedienen, die Gas geben und auf die Bremse treten, sind betroffen. Die wegrationalisierten Fahrer werden im günstigsten Fall in den Vorruhestand gehen oder sie müssen nach anderen Beschäftigungsmöglichkeiten suchen. Aber was gibt es Vergleichbares? Fachleute und Politiker sagen, da werde sich schon etwas auftun. Aber sie alle bleiben vage in ihren Aussagen und zeigen keine konkreten beruflichen Perspektiven für die Verlierer der technischen Revolution auf.

Der amerikanische Professor Lee Branstetter befasst sich mit genau diesen negativen Folgen der Einführung der autonomen Fahrprogramme. »In zehn Jahren haben wir ein gewaltiges soziales Problem, wenn wir jetzt keine Vorkehrungen treffen«, sagt er. Er blickt auf sein Land, die USA, wo heute etwa 1,7 Millionen Trucker hinter den Lenkrädern der schweren Lkws sitzen. Noch einmal ebenso viele leben vom Fahren kleinerer Transporter, vom Taxifahren, von Dienstleistungsfahrten für städtische Betriebe und als Uber-Fahrer. Branstetter erwartet, dass die Technik sich ab dem Jahr 2030 zügig durchsetzen wird. Und er macht die Rechnung auf: »Einen Lkw autonom nachrüsten wird etwa 30000 Dollar kosten. Ein Trucker verdient meist um die 40000 Dollar im Jahr. Eine Investition hätte sich also schon nach wenigen Monaten amortisiert.«

Diese Wirtschaftlichkeitsrechnung wird auch in Deutschland die Logistikunternehmen überzeugen. Da gibt es keine Menschenfreunde, die Arbeitsplätze aus Nächstenliebe unterhalten. Auch der Heizer hatte keine Zukunft, nachdem sich die E-Lok durchgesetzt hatte. Ein Spediteur, der so handeln würde, wäre bald weg vom Fenster. Also sind auch bei uns Arbeitsplätze in Gefahr. Wir sprechen für Deutschland über eine Zahl von etwa 500000 Lkw-Fahrern, die anderen vom Fahren lebenden Berufsgruppen kommen noch hinzu.

Und dann ist da noch ein weiteres Problem (auch wenn es nichts mit dem Faktor Arbeit zu tun hat): Wer übernimmt die Verantwortung, falls es zu Unfällen kommt? Wer wird verantwortlich sein, wenn ein autonom gesteuerter Lkw einen Schaden verursacht? Es gibt da jenes Szenario, wonach ein autonom fahrendes Fahrzeug mitten im städtischen Straßenverkehr vor die Wahl gestellt wird: entweder ein hilfloses Kind, das auf der Fahrbahn liegt, zu überfahren, oder auf die andere Seite auszuweichen, wo sich zwei erwachsene Menschen bewegen. Wie ist das Fahrzeug programmiert, wie wird es entscheiden? Wer hat die Software entwickelt, die dieser Entscheidung zugrunde liegt? Was sagen die Hinterbliebenen, wenn sie von dieser Programmierung erfahren? Wird bei einem Rechtsstreit der Fahrzeughersteller zur Verantwortung gezogen? Der Programmierer? Das Transportunternehmen? Eine schwierige Frage.

Noch eine weitere neue Problematik: Bereits heute fürchten alle Autohersteller den Verlust ihrer Herrschaft über die Assistenzsysteme. Bisher ging es nur um so etwas Banales wie Schließsysteme. Das kennen wir seit Jahrzehnten: Ein Fingerdruck auf den elektronischen Schlüssel und das Auto ist entriegelt. Wir haben auch gelernt, dass sich hin und wieder Kriminelle der Elektronik bemächtigten und dann das Auto öffnen, schließen oder starten konnten. Inzwischen geht es um mehr: um Parkassistenten, Notbremssysteme, Stau- und Spurassistenten.

Was, wenn diese Helfer gekapert werden? Angenommen, ein Autofahrer erhielte folgende Nachricht: Entweder du zahlst mir ganz schnell und unauffällig 10 000 Euro, oder du erlebst das nächste Mal auf der Autobahn eine Vollbremsung bei Tempo 200. Wie würde er wohl reagieren? Manch einer mag sich an dieser Stelle fragen, ob eine solche Manipulation der Bremssysteme überhaupt möglich ist. Die Antwort ist beunruhigend: Ja, so etwas ist möglich! Vielleicht kämen die Täter sogar aus einem der Forschungszentren der Autoindustrie, wo sie als Folge der aktuellen Krise und nach der sehr langsamen Erholung wegrationalisiert wurden. Und damit wären wir wieder bei unserem Kernthema, nämlich der Zukunft der Arbeit, die aus der Sicht vieler Arbeitnehmer eine eher düstere Zukunft ist.

Die Manipulation aktueller Assistenzsysteme ist noch vergleichsweise harmlos, wenn man sie mit den Manipulationsmöglichkeiten vergleicht, die ein vollautonom fahrendes Auto bietet. Über alle Eigenschaften des Fahrens wachen dann auto-interne Rechner, die das Fahrzeug steuern, die die Straßen überwachen, die Menschen auf den Straßen im Blick haben, die dann auch mit anderen Fahrzeugen vorne, hinten, links und rechts und mit der Verkehrslenkung kommunizieren werden. Da wird beschleunigt und gebremst, geblinkt und beleuchtet, gehupt und klimatisiert, ohne dass ein Fahrer eingreifen muss. Für Techniker und die Entwickler der künstlichen Intelligenz ist es das Paradies. Marketing- und Werbeleute sehen schon die nächste große traumhafte Werbekampagne, denn die Kunden müssen angefixt werden, damit sie dafür Geld ausgeben. Lauter schöne Aussichten. Außer für die Sicherheitsleute. Für die ist es die Hölle.

Heute arbeiten bei den Fahrzeugherstellern eigene und externe Entwickler an der Einrichtung und der Erprobung des autonomen Fahrens. Die hauseigenen Sicherheitsleute überprüfen all diese Mitarbeiter, ob sie den hohen Sicherheitsstandards entsprechen. Denn die große Sorge ist, dass sich irgendwann ein oder mehrere oder im schlimmsten Fall alle Fahrzeuge eines Herstellers selbstständig machen, keinen Befehlen mehr gehorchen und sich unkontrolliert auf der Straße bewegen. Es gehört zu dieser Welt, dass bei allen Szenarien des unternehmerischen und staatlichen Handelns Sabotageakte und Attentate vorausgedacht werden müssen, um sie verhindern zu können. Leider ist es unmöglich, die Gesellschaft vor solchen Gewalttaten komplett zu bewahren. Schließlich sind die Täter kreative Köpfe. Manchmal geht es um viel Geld, manchmal um politische Ziele. Manchmal sind es auch einfach nur Wirrköpfe, die sich ein Denkmal setzen wollen. Deswegen müssen politische Institutionen, Kraftwerke, Krankenhäuser und Finanzinstitute geschützt werden. Das wissen die Zuständigen. Sie arbeiten daran – mit mehr oder weniger Erfolg (wie wir manchmal erfahren).

Mit dem Zugriff auf PS-starke Fahrzeugflotten hätten Kriminelle und Terroristen eine wirkungsvolle Waffe. Sie könnten Fahrzeuge (Pkw, Lastwagen, Busse), aber auch Schiffe oder Flugzeuge und deren Insassen als Geiseln nehmen, bedrohen, in Angst versetzen und im schlimmsten Fall umbringen. Ein Schreckensszenario, das die Sicherheitsleute bei den Herstellern und die Polizei weltweit beschäftigt. Natürlich wissen die Hersteller, was alles möglich ist. Sie sprechen nicht darüber, aber sie sind sich der Gefahr bewusst.

In den USA, genauer im Silicon Valley, arbeiten sie zurzeit mit Hochdruck an der Entwicklung der Roboterautos. Mehr als sechzig Firmen haben eine Lizenz zum Testen, darunter die Großen, also Google, Uber oder Apple. Aber auch die Deutschen sind dort mit eigenen Laboren vertreten, also Daimler, BMW, Volkswagen und Bosch. Es ist ein Wettlauf. Denn künftig wird bei den Fahrzeugen mit der Autonomie mehr Geld verdient werden als durch das Zusammenbauen von Karosserien.

In der *Welt am Sonntag* berichtet Sven Zimmermann, der für Bosch in den USA zum Thema autonomes Fahren arbeitet, über die typischen und zugleich unvorhersehbaren Probleme. So war eines der deutschen Roboterautos plötzlich mit einem Stoppschild konfrontiert, das sich bewegte. Die Situation überforderte die Technik: Wo sollte das Fahrzeug halten, wenn das

Haltesignal sich bewegt? Und dies war die Wirklichkeit: Ein amerikanischer Schülerlotse hatte sich ein Stoppschild außen auf seinen Rucksack geschnallt und fuhr mit seinem Rad auf der Fahrbahn vor dem Fahrzeug. Ein Mensch hätte das erkannt, das autonome Auto war handlungsunfähig. Es gibt ähnliche Situationen, die für Menschen unproblematisch sind, die Kameras der Roboter aber überfordern. Dazu gehört dann auch etwas so Alltägliches wie die Einfahrt in eine Autowaschstraße: für Roboter aktuell noch eine echte Herausforderung.

Zusammengefasst: Diese neue Technologie ist noch längst nicht serienreif, aber viele Unternehmen arbeiten mit Hochdruck an ihrer Entwicklung. Das Roboterauto wird uns – wenn es denn für sicher erklärt worden ist – als Verkehrsteilnehmern vieles erleichtern, aber es wird auch neue Probleme schaffen. Die von autonom gesteuerten Fahrzeugen verursachten Unfälle werden noch viele Juristengenerationen beschäftigen. Die neue Technologie wird Hunderttausenden Menschen, die mit Fahren ihr Brot verdienen, die Existenzgrundlage entziehen. Die Nachfrage nach Berufskraftfahrern wird in den nächsten Jahren sinken. Die Unternehmensberatung PwC sieht von den derzeit noch zwei Millionen Menschen in der Logistik künftig noch Jobs für 1,5 Millionen. Das werden dann Spezialisten sein: Logistiker, IT-Verantwortliche, Techniker, Disponenten. Der einfache Fahrer hat keine Zukunft. Das gilt genauso auch für Zehntausende Lokführer, für U-Bahn-Fahrer, für Busfahrer im Fern- und Nahverkehr, eines Tages vielleicht sogar für Kapitäne und Piloten.

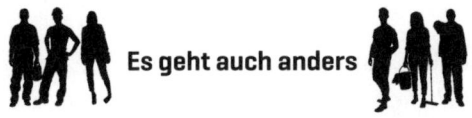
Es geht auch anders

»DAS IST DER VORTEIL, WENN MAN CHEF IST«

GÜNTER FALTIN GRÜNDET EINE FIRMA – MITTEN HINEIN IN EINE ALTE UND TRADITIONELLE BRANCHE

Man könnte meinen, nur noch digitalisiert, roboterisiert und mit möglichst wenig fest angestelltem Personal ließe sich in dieser Welt Kapital anhäufen. Nur solche Neugründungen hätten eine Chance, die auf künstliche Intelligenz und Digitalisierung setzen. Aber auch in traditionellen Branchen werden erfolgreiche Unternehmen gegründet. Entgegen allen Regeln der Start-up-Gesellschaft gibt es eine Zukunft außerhalb von IT oder Digitalisierung. Ein schönes Beispiel:

Vor einigen Jahren, als der damals noch junge Professor Günter Faltin an der FU Berlin vor seinen Studenten stand und ihnen Entrepreneurship, die Lehre vom Gründen, beibringen wollte, da sollen die Studenten ihm, dem Wissenschaftler, entgegengehalten haben: »Erzählen können Sie uns viel. Aber Sie sind ein gut dotierter Beamter. Machen Sie doch mal vor, wie man erfolgreich ein Unternehmen gründet.«

Treffer! Das hatte gesessen! Der Wissenschaftler begann darüber nachzudenken, wie er in der Praxis beweisen könnte, was er theoretisch schon lange vermittelte: So gründet man erfolgreich ein Unternehmen und schafft dadurch nicht nur Arbeit und Einkommen für andere, nicht nur persönlichen Wohlstand, sondern auch Zufriedenheit und Selbstgewissheit.

Das Nachdenken führte zur Gründung der Teekampagne, jenem Unternehmen, das kontinuierlich gewachsen ist, inzwischen in Deutschland mehr als zwanzig Menschen beschäftigt und zum weltweit größten Importeur von Darjeeling-Tee aufgestiegen ist. Ob diese Gründungsgeschichte den Tatsachen entspricht oder ob sie eine ausgeschmückte Unternehmenslegende ist, vermag ich nicht zu sagen. Entscheidend ist letztlich ja, dass es durchaus so gewesen sein könnte.

Heute, mehr als dreißig Jahre später, steht Günter Faltin an einem Rednerpult, vor ihm hundert junge Leute, die das Gründen eines eigenen Unternehmens als ernsthafte Option betrachten und von ihm einen Impuls erwarten. Er ist der Star des jährlich stattfindenden Entrepreneurship Summit in Berlin. Da kommen sie zusammen, um zu hören und zu lernen, wie man Unternehmen gründet, wie man sich selbstständig macht, was man können muss und wissen sollte, um nicht zu scheitern. Faltin steht auf der Bühne, und ohne dass er Zeichen von Überheblichkeit zeigt, umgibt ihn die Aura des Erfolgs. Sein Thema: Wie war das damals in den Achtzigerjahren? Und was bedeutet das in der Gegenwart, wenn man die Selbstständigkeit ernsthaft ins Auge fasst.

»David gegen Goliath« ist das Motto seines Vortrags und zugleich Titel seines jüngsten Buches. Er warnt, dass achtzig Prozent aller Gründer scheitern. Es sehe nicht gut aus für die Davids, die hoffnungsvoll anträten und schmählich endeten. Nach herrschender Meinung sei für eine erfolgreiche Gründung viel Kapital erforderlich, und das bedeute im Allgemeinen, dass sich Gründer hoch verschulden müssten. Faltin bestreitet rundheraus, dass in jedem Fall viel Geld bereitstehen müsse. Es komme vielmehr darauf an, die entscheidende Nische zu finden, aus der heraus man klein starten könne.

Zugleich warnt er vor den selbst ernannten Beratern, die Chancen für neue Unternehmen ausschließlich im Bereich der

Digitalisierung sähen. Zu denen sage er: »Sind Sie noch im Rausch? Oder sind Sie schon im Kater?« Natürlich könne man in der Welt der Daten erfolgreich sein, aber eine Fixierung auf dieses Segment sei völlig unsinnig. Es gebe auch in traditionellen Branchen immer wieder neue Geschäftsideen. Die vielleicht gerade deshalb übersehen würden, weil man die reale Wirtschaft für auserzählt halte.

Und dann schildert er noch einmal die Gründungsgeschichte seines Unternehmens mit dem Namen Teekampagne, die zeigt, dass selbst ein scheinbar zwischen Herstellern und Handelspartnern komplett aufgeteilter Markt noch erfolgreiche Neugründungen erleben kann.

»Ein Hochschullehrer möchte zeigen, dass er gründen kann«, sagt Faltin über sich in der dritten Person. »Er ist selbst Kaffeetrinker, will aber ein Teegeschäft gründen. Er kommt aus dem Elfenbeinturm der Hochschule, ist nicht praktisch veranlagt, aber er sieht die Chance: Tee ist, wenn er hier verkauft wird, zehnmal so teuer wie am Ursprungsort. Dabei ist Tee ein Fertigprodukt, muss nicht wie Kaffee geröstet oder gemahlen werden.«

Ausführlich beschreibt er den bisherigen Vertriebsweg und die Vermarktung: von der Ernte zum Großhändler, zum Zwischenhändler und bis in das Ladengeschäft des Einzelhandels. Jeder Schritt verteuert das Produkt. Der Einzelhändler wiederum muss viele verschiedene Sorten bereithalten, muss Miete bezahlen und Personal anstellen.

Völlig anders läuft es bei seiner Geschäftsidee: Bei ihm gibt es anfangs nur eine Teesorte, allerdings die weltweit anerkannt beste: Tee aus Darjeeling. Eingekauft wird direkt beim Hersteller, auf der Plantage. Es gibt nur Großpackungen, man kann zwischen 1000-Gramm- und 500-Gramm-Packungen wählen. Eingekauft wird ausschließlich biologisch einwandfreier rückstandsfreier Tee. Es wird den Plantagen mehr gezahlt, als die Konkurrenten bereit sind auszugeben, dafür muss aber auch den Pflückern mehr Lohn gezahlt werden als bis dato üblich. Vertrieb an die Kunden? Nur einmal im Jahr direkt nach der Ernte. Das alles ausschließlich im Versandhandel, bestellt wird online. Das senkt die Kosten, denn es bedarf nur preiswerter Lagerräume, geringer Vorratshaltung, keiner Ladenlokale in teuren Lagen. Keine Werbung, stattdessen Mundpropaganda. So sah sie damals in den Achtzigerjahren aus, die Geschäftsidee des Hochschullehrers. Sie hat funktioniert. Sie war so erfolgreich, dass die Firma mit dem Namen Projektwerkstatt Teekampagne heute der weltweit größte Darjeeling-Importeur ist.

Weil die Teekampagne mit dem Import von Darjeeling an ihre Grenzen gestoßen ist, vertreibt sie inzwischen auch Assam-Tee, Earl-Grey-Tee und Tee in Teebeuteln. Heute gibt es sogar Läden, in denen man den Tee kaufen kann.

Widerstandslos ließ die etablierte Branche das alles keineswegs über sich ergehen. Es gab Plagiate mit ähnlich klingenden Namen, zum Beispiel »Teeinitiative«, es gab Auseinandersetzungen vor Gericht, um die Qualität und Reinheit des Produkts in Zweifel zu ziehen. *DIE ZEIT* titelte: »Die Konkurrenz schäumt.«

Im Jahr 2009 (damals bin ich Vertreter des ZDF in der Jury des Deutschen Gründerpreises) ist der durchschlagende Erfolg der Teekampagne nicht mehr zu leugnen. Der Deutsche Gründerpreis belohnt bemerkenswerte Start-ups, aber auch das Lebenswerk großer Unternehmer sowie außergewöhnliche Einzelunternehmungen. Ich plädiere auf dem Treffen der Jury dafür, dem Gründer aus dem Elfenbeinturm der Universität, Professor Dr. Günter Faltin, den Sonderpreis zu verleihen. Vor den Kameras des ZDF nimmt er ihn im Juni 2009 in Berlin entgegen.

Zehn Jahre später, das Unternehmen ist stetig gewachsen, erklärt der Gründer seinen Zuhörern beim Entrepreneurship

Summit: »Das Konzept der Teekampagne entwickelte sich nicht über Nacht. Zu Beginn meiner Überlegungen stand keineswegs fest, dass es um Tee gehen würde oder um Handel. Ich hatte keine fest gefügten Vorstellungen, wie mein Unternehmen aussehen würde. Am Anfang stand nur der Wunsch, universitäre Lehre und unternehmerische Praxis zu verbinden.« Die Teekampagne sei ein beispielhaftes Konzept, weil es radikal und respektlos in der Sache Konventionen infrage stelle. »Mir ging es nie um Tee. Ich will zeigen, dass fast jeder Mensch in der Lage ist, von seinem Alltagswissen ausgehend ein unternehmerisches Konzept zu entwickeln, etwa indem er einfache, bekannte Prinzipien auf ein neues Gebiet überträgt.«

Den jungen Zuhörern will Faltin etwas mitgeben. Nicht die Höhe des Gründungskapitals sei entscheidend, sondern die sorgfältig erarbeitete Grundidee, also der Punkt, in dem sich das Unternehmen von anderen unterscheidet, wo es dem Kunden mehr und Besseres bietet. Dann könne man auch klein starten. Und man müsse sich als Gründer nicht abarbeiten, indem man alles selbst mache. Das sei einer der Fehler vieler Start-ups. »Wir wollen doch etwas tun, was das Leben besser macht. Es geht nicht um Geld allein. Es geht um ein geglücktes Leben«, sagt Faltin. Als Entrepreneur habe man die Chance, sich das herauszusuchen, was Spaß mache. Alles andere könne man an Dienstleister abgeben. »Das ist der Vorteil, wenn man Chef ist«, sagt er und freut sich am Beifall seines Publikums.

Die jüngste Vergangenheit brachte die Teekampagne in unruhiges Wasser. Auch dieses Unternehmen ist in den Sog der Corona-Krise geraten. Nicht etwa, weil die Kundschaft mit den Bestellungen zögerte. Schließlich läuft der Betrieb ohnehin ohne persönliche Kontakte. Die meisten Kunden haben ihre Teelieferungen über die Homepage abonniert und warten im Sommer schon sehnlichst auf das Päckchen. Das Problem liegt in Indien. Auch dort galten Ausgangssperren. Plantagen mussten ihre Mitarbeiter nach Hause schicken. Betroffen war gerade die Ernte des jungen Tees, des sogenannten First Flush, der besonders begehrt ist. Inzwischen läuft es auf den Teeplantagen zögernd wieder an. Man kann ernten, man kann exportieren. Die Plantagen dort und die Teekampagne hier hat es getroffen, aber nicht vernichtet.

Am meisten ärgerte sich Günter Faltin, als er im Mai 2020 einen ihm wirklich wichtigen Termin absagen musste: »Da nimmt man sich vor, seinen Geburtstag auch einmal ordentlich zu feiern – und dann kommt Corona dazwischen!« Es ging immerhin um den 75. Die Feier will er nachholen.

ES WAR EINMAL EIN BANKIER ...

WIE AUS DER DEUTSCHEN BANK
EIN DO-IT-YOURSELF-RATGEBER WIRD

Kein Bargeld, keine Filialen, keine Geldautomaten, keine Berater: Wenn es nach den Strategen der großen Geldhäuser geht, stellen sie in Zukunft kaum noch neue Mitarbeiter ein. Auch die vorhandene Belegschaft wird ausgedünnt. Wollen das die Kunden? Was bleibt da noch von der Bank?

Die letzten verbliebenen Bankschalter sperrten sie anlässlich der Corona-Krise zu. Vermutlich kam sie den Managern wie gerufen, denn im Schließen von Filialen sind sie schon lange geübt. Nun war ein guter Vorwand geliefert.

Ich erinnere mich noch an meinen letzten Besuch in einer Bankfiliale. Also: in einer richtigen Bank. Mit Schaltern, hinter denen Frauen und Männer in Kostümen und Anzügen standen. Es wirkte altmodisch, sollte aber gar nicht so aussehen: Alles war gestylt, der ganze Raum war frisch von einem Innenarchitekten gestaltet worden, die Möbel waren modern, die Monitore waren groß, die Banker tippten auf Tastaturen vor sich hin. Altmodisch war der Vorgang. Ich äußerte meinen Wunsch: »Ich brauche 500 englische Pfund.« Danach vergingen viele Minuten, in denen ich die Rückseite des Computermonitors des Bankers betrachten durfte. Am Ende wurde dann ein Papier ausgedruckt, das mir vorgelegt wurde mit der Bitte um meine Unterschrift. Dann wurde mir feierlich das Geld vorgezählt.

Was soll ich sagen? Ich bin ja selbst schuld. Als ich aus dem United Kingdom zurückkam, hatte ich viele Pfundscheine unangetastet in der Tasche, weil ich dort öfter als in Deutschland mit Karte bezahlt hatte. Selbst kleinste Beträge. Jetzt war es nicht minder kompliziert, das Geld zurückzutauschen. Alles in allem mit Verlust – an Geld und Zeit! Die Lektion für mich: Das Eintauschen von Devisen ist altmodisch und kostspielig. Mit dem seit der Corona-Krise deutlich zunehmenden Einsatz bargeldloser Zahlungsmittel hat sich inzwischen vieles geändert. Sogar der Kreditkarte droht schon Konkurrenz. Mein Smartphone ist technisch auf den Einsatz an den Supermarktkassen vorbereitet. Die Firma Apple hat sich mit einem berührungslosen Bezahlsystem an mich herangerobbt. Für die Banken wird es zunehmend schwieriger, da mitzuhalten.

Werde ich also nochmals so wie damals Devisen eintauschen? Ganz sicher nicht, das geht auch gar nicht mehr so einfach. Denn »meine« Bankfiliale wurde inzwischen geschlossen – verbunden mit Marketingsprüchen wie »Wir versuchen unseren Service zu verbessern«, und dass man sich freue, mich künftig in der Niederlassung mehrere Kilometer entfernt begrüßen zu dürfen. Von wegen. Es ist ein Rückzug, der mit Floskeln bemäntelt wird.

Also habe ich den Umgang mit Devisen überdacht. Ich werde versuchen, nicht mehr mit »fremden« Geldscheinen auf Reisen zu gehen. Für mich wird das alles billiger und einfacher sein. Das hat natürlich auch Folgen für meine Bank, denn wenn alle das so machen, gibt es einen Grund weniger, in die Schalterhalle zu kommen.

Wie lange wird es diese Bank mit dem stolzen Namen Deutsche Bank noch geben? Nicht mehr lange, denke ich. Seit Jahren müssen schlechte Bilanzzahlen verkündet werden. Der Aktienkurs sinkt. Das Unternehmen schrumpft – so wie viele der klassischen Geschäftsbanken. Es gehe um eine Konsolidierung, heißt es dann von Vorstandsseite. Auf deutsch: Man macht sich kleiner, man versucht mit weniger Filialen und weniger Personal über die Runden zu kommen und hofft auf bessere Zeiten. Was aber wird dann aus den jungen Frauen und Männern in dunklen Anzügen und Kostümen? Die glauben doch an eine Zukunft. Sind die bald arbeitslos? Ich will es in deren Interesse nicht hoffen, aber gut sieht es nicht aus – für die ganze Branche nicht. Bei Banken, Sparkassen, Volksbanken und Bausparkassen arbeiten derzeit etwa 600 000 Menschen. Ihre Zahl nimmt seit Jahren ab. Vor fünfzehn Jahren waren es noch deutlich mehr als 700 000 Angestellte. Der Sinkflug beschleunigt sich. Die deutschen Banken werden zahlenmäßig abnehmen, einige werden sich zusammenschließen, möglicherweise wird es Pleiten geben. Grund dafür sind die wirtschaftlichen Probleme der Banken.

Frankfurt ist die einzige deutsche Stadt mit einem Business District, wie ihn die Metropolen der Welt alle haben. In Frankfurt sitzen die Zentralen fast aller deutscher Banken, ihre Türme prägen die Silhouette der Stadt. Scheinbar unangreifbar stehen sie da. Man mag es beim Blick auf die vielen Wolkenkratzer kaum glauben, dass die Branche in der Krise steckt. Dazu mehrere Hundert Repräsentanzen internationaler Banken. Sie alle sind Arbeitgeber. Für Zehntausende Menschen. Frankfurt – die Bankenstadt. Noch.

Die Zukunft aber wird so aussehen: Jene Bankentürme, die die Skyline der Stadt Frankfurt ausmachen, werden bald schon leer stehen. Vielleicht werden aus Bankpalästen Apartmenthäuser – als Beitrag zur Linderung der Wohnungsnot. Nur noch wenige Menschen werden sich Banker nennen, die meiste Arbeit geht an ein paar Manager und IT-Spezialisten. Die ehemals eindrucksvolle Bankensilhouette könnte als »Größenwahn vergangener Tage« bezeichnet werden.

Stichwort »Banker«. Kurzer Ausflug in die Vergangenheit. Früher, also in den ersten Jahren nach dem Krieg, nannte man die wohlbeleibten Herren in den holzgetäfelten Kassenräumen noch Bankiers. Sie trugen Anzüge mit Weste, schrieben mit dem Füllfederhalter auf Karteikarten, prüften strengen Blicks das Äußere und die Kontostände ihrer Kunden und gewährten im positiven Fall wohlwollend einen Kredit, verbunden mit der Mahnung, es aber nun mal nicht zu übertreiben.

Später wurden aus diesen Bankiers die Bankberater. Immer noch ziemlich seriöse Gestalten. Sie zeichneten sich durch aus heutiger Sicht antiquiertes Verhalten aus: Sie berieten ernsthaft. Sie hatten das Wohlergehen ihrer Kunden im Blick und erst in zweiter Linie den Profit des Bankhauses. Das war ehrenhaft.

Doch auch die Bankberater sind Geschichte. Schon vor Jahren haben sich Mitarbeiter dieser aussterbenden Gattung bei mir beklagt: Der neue Stil im Unternehmen verbiete die echte Beratung. Es gehe darum, den Kunden etwas zu verkaufen: Wertpapiere, Sparverträge, Zertifikate. Die hohe Provision für die Bank habe im Vordergrund zu stehen. Der Kunde als Melkkuh.

Heute stehen sogar die glatten Verkäufertypen auf der Abschussliste ihrer Personalabteilungen. Die Bank der Zukunft soll möglichst wenig Personal beschäftigen. Und möglichst wenige Filialen unterhalten. Die Kunden sollen alles zu Hause am PC erledigen, und ihr Geld soll von einer ausgefeilten Software verwaltet und angelegt werden. Schluss mit dem Kontakt zwischen Menschen! (Dass durch den Personalabbau auch die Serviceleistung der Banken Schaden nimmt, haben diese Personalplaner nicht im Blick.) Die Banken herkömmlicher Art sind auf dem Rückzug und sie leiden unter dem Druck alternativer Anbieter. Ihr Niedergang ist zum Teil selbst gemacht, zum Teil fremdbestimmt.

Die Deutsche Bank ist in Deutschland die Nummer eins. Jedenfalls noch. Und nur noch in ihrer Heimat, in Deutschland. Ansonsten ist die Bank mit den markanten 155 Meter hohen Doppeltürmen an der Frankfurter Taunusanlage nur noch ein

Schatten vergangener Tage. Früher war sie international einer der großen Player – das ist Vergangenheit. Sie spielt keine Rolle mehr. Dies ist keineswegs das Werk finsterer Konkurrenten. Es gab in den vergangenen Jahren viele aufsehenerregende internationale Bankenskandale, und bei fast jedem konnte die Deutsche Bank sich rühmen, mit zum Kreis der Täter zu gehören. Viele Prozesse wurden geführt, bei denen es um alle möglichen Varianten von Geldwäsche, Steuerbetrug, Kundenverrat und Beihilfe zu Straftaten ging. Viele Auseinandersetzungen vor Gericht wurden verloren, Milliarden Euro mussten anschließend zur Reparatur aufgebracht werden.

Die Vergangenheit wurde aufgearbeitet, die Gegenwart ist düster, ob es für die Deutsche Bank eine Zukunft gibt, kann heute niemand vorhersagen. Wenn der tief gestürzte Börsenkurs ein Anzeichen sein soll, ist die Zukunft unsicher. Das Geldhaus hat sich Stück um Stück selbst demontiert.

Der Niedergang der Deutschen Bank vollzog sich seit Beginn des 21. Jahrhunderts Schritt um Schritt. Noch 2008 war die Bank der größte Devisenhändler der Welt, doch hat sich in diesem Segment ihr Marktanteil halbiert; Spitze ist man bei diesem lukrativen Geschäft längst nicht mehr.

Für einen großen Imageschaden sorgte die Rolle, die die Deutsche Bank beim Ausbruch der Finanzkrise 2008 spielte: Im Vorfeld versuchte man in den USA Geld mit unbesicherten Hypotheken zu verdienen, jenen Papieren, die zur großen Krise der weltweiten Finanzbranche und zur spektakulären Pleite von Lehman Brothers führten. Die Führung der Deutschen Bank hatte diese Krise kommen sehen und die riskanten Papiere an andere verkauft. Die blieben auf den Verlusten sitzen. Das war zwar bauernschlau, aber der Ruf der Deutschen ist seitdem nachhaltig beschädigt.

In der Folge kam es zu Serien von Prozessen in den USA. Es ging dabei um Milliardenbeträge. Die Führung der Bank konnte Verurteilungen verhindern – aber nur durch Zahlung hoher Vergleichssummen. Dem Ruf des Hauses war auch das abträglich. Im Jahr 2016 beispielsweise schloss die Bank in den USA einen Vergleich mit dem amerikanischen Staat. Die damalige US-Justizministerin äußerte sich ziemlich drastisch: »Dieser Beschluss zieht die Deutsche Bank für illegales Gebaren und verantwortungslose Kreditvergabepraktiken zur Verantwortung, die Investoren und der US-Bevölkerung ernsthaften und dauerhaften Schaden zugefügt haben.«

Dieses »illegale Gebaren« kostete die Bank an Bußgeldern und Entschädigungen mehr als sieben Milliarden Dollar. Geld, das gezahlt werden musste, weil der Bank vorgeworfen wurde, »mit windigen Hypothekendeals Anleger getäuscht und so zum Kollaps des US-Häusermarktes im Jahr 2008 und damit zur letzten großen Finanzkrise beigetragen zu haben«. So wurde der einst gute Ruf Stück um Stück schlechter. Das mochte einer eiskalten Führungsmannschaft ja noch egal gewesen sein. Aber die hohen Strafzahlungen hatten logischerweise auch ökonomische Folgen. Die alltäglichen Bankgeschäfte litten.

Doch seinen Tiefpunkt hatte der Niedergang noch nicht erreicht, es kamen weitere schlechte Nachrichten an die Öffentlichkeit. Die amerikanische Bankenaufsicht warf nochmals und aktuell vor wenigen Wochen der Führung der Bank vor, ihr Kontrollsystem und die Verhinderung der Geldwäsche nicht in den Griff zu bekommen. Nachdem dies bereits in den Vorjahren kritisiert worden war.

Auf dem Heimatmarkt wurde der Deutschen Bank vorgeworfen, für Kunden Steuervermeidungsmodelle entworfen und so den deutschen Staat um Einnahmen gebracht zu haben. Auch hier gab es Geldwäschevorwürfe, die nicht entkräftet werden konnten. Dann wurden Vorwürfe bekannt, Bankmitarbeiter hätten die Referenzzinssätze LIBOR und EURIBOR manipuliert und dadurch Kredite für Kunden künstlich verteuert.

Über die daraus resultierenden finanziellen Folgen wird bis heute gestritten.

Als wäre das noch nicht schlimm genug, gewährte sich das Topmanagement immer wieder und sogar in schlechten Zeiten Bonuszahlungen in Milliardenhöhe. Die Medien sprachen davon, dass das Führungspersonal die Bank ausplündere. Das Haus war zum Selbstbedienungsladen geworden, wo Spitzenleute sich unter dem Vorwand bereicherten, man müsse außerordentliche Gehälter zahlen, um gegen die Konkurrenz zu bestehen.

Kein Wunder, dass aus der einst weltweit bewunderten Deutschen Bank ein wackliges Provinzunternehmen geworden ist. Die Aktie verliert seit Langem an Wert, und die Bank ist ein Übernahmekandidat geworden. Das Rating (also die Einschätzung der wirtschaftlichen Zukunft) liegt bei der Agentur Standard & Poor's bei dem wenig schmeichelhaften Wert BBB+. Im Vergleich mit anderen Banken sieht es also schlecht aus für die Deutsche Bank. Es gab mehrfach Gerüchte, dass sie gestützt werden müsse. Die Führung wurde in immer schnellerer Folge ausgewechselt.

Aktuell werden 10 000 von den 100 000 Arbeitsplätzen abgebaut. Die Corona-Krise beschleunigt den Prozess. Betroffen ist das Investmentbanking, dabei geht es bisher vorrangig um Arbeitsplätze im Ausland. Der neueste Vorstandsvorsitzende äußert sich im bekannten Managerdeutsch, man wolle sich auf das konzentrieren, was man wirklich gut könne. Aber, mal ehrlich, was soll das denn sein? Was kann denn diese Institution aus der westdeutschen Nachkriegszeit wirklich gut? Der Vertrauensvorschuss der Öffentlichkeit ist verbraucht. Im Netz ergießt sich über das Bankhaus Hohn und Spott.

Ein Beispiel: »Wenn man sich die Skandale der letzten Jahre ansieht, sollte man ja wohl eher nicht von Bank, sondern von einer ›kriminellen Vereinigung‹ sprechen. Aber wie hieß es doch mal bei Bertolt Brecht (*Die Dreigroschenoper*) so schön: ›Was ist ein Einbruch in eine Bank gegen die Gründung einer Bank.‹ Lieber Vorstand, lieber Aufsichtsrat der Deutschen Bank und überhaupt der Banken weltweit, ihr habt Großartiges geleistet. Ihr habt das Vertrauen der Menschheit in euch gründlich zerstört. Jetzt geht bitte noch einen Schritt weiter und löst euch auf. Das wäre der letzte Liebesdienst an einer von euch ausgeplünderten Gesellschaft.« Ein anonymes Statement. Vermutlich spricht es vielen aus der Seele. Sowohl ehemaligen Mitarbeitern als auch ehemaligen Kunden.

Und damit zur Kernfrage: Kann man einer jungen Frau oder einem jungen Mann empfehlen, eine berufliche Zukunft bei dieser Deutschen Bank (oder den anderen Privatbanken) zu suchen? Wird menschliche Beratung überhaupt noch gebraucht? Oder sollen all die vielen Bankangestellten lieber gleich umschulen? Nein, sagt der auf Banken spezialisierte Berater Kai Pfersich, ganz im Gegenteil. Er ist davon überzeugt, dass Bankmitarbeiter in Zukunft mehr Reputation haben werden, dass sie in ihren Unternehmen wie auch bei den Kunden mehr Ansehen finden werden. In seinem Buch *Bankier 5.0* zeigt er einen Weg, wie sich der Mensch gegen den Roboter behaupten kann. Voraussetzung dafür sei aber, dass ein Bankmitarbeiter künftig mehr zu bieten haben muss als ein Automat, der ausschließlich und stur die Vorgaben der Geschäftsleitung erfüllt. Bisher seien Berater bei Banken als ziemlich schlichte Gestalten dahergekommen, die ihren Kunden nicht wirklich vermitteln konnten oder durften, was hinter den Fachbegriffen steht, die sie ihnen um die Ohren schlugen. Was zum Beispiel das beim Verkaufsgespräch so schnell dahingesagte »Emittenrisiko« bedeutet, begriffen viele Tausend brave Sparer erst, als ihre Lehman-Zertifikate nichts mehr wert waren: das Risiko, dass alles verloren sein kann, wenn der Zertifikate-Produzent pleitegeht.

Die Umsetzung der technischen Empfehlungen eines Robo Advisors in verständliche Sprache: darin sieht Pfersich zum Beispiel die Zukunft des menschlichen Mitarbeiters. Oder die Empathie, also in diesem Fall die Fähigkeit, sich in den Kunden und seine Lebenswelt hineinzuversetzen.

Wenn die Deutsche Bank überleben sollte, dann nur mit einer reduzierten Kernmannschaft und einem anderen Geschäft, auf jeden Fall einem verkleinerten. Da braucht man die vielen ältlichen Bankkaufleute nicht mehr, die im vergangenen Jahrhundert ausgebildet und danach fest angestellt wurden. Für jene, die jetzt zwischen fünfzig und sechzig Jahre alt sind, wird es bitter. Entweder langweilen sie sich künftig in einem düsteren Büro. Oder man versucht ihnen mit einer Abfindung die eigene Kündigung nahezubringen. Oder aber man überreicht ihnen die betriebsbedingte Kündigung.

Aufgegeben hat sich die Bank aber noch nicht. Bisher war die Finanzbranche stark reguliert, das heißt zugleich geschützt, und konnte so die Angriffe der jungen Fintechs noch einigermaßen abwehren. Bisher ist die Situation in der Finanzbranche noch nicht so kritisch wie im Handel (Amazon), der Hotellerie (Airbnb) oder der durch Streamingangebote umgekrempelten Musikszene. Dort werden die Platzhirsche von den jungen Revolutionären bedrängt oder gar vertrieben. Aber wie lange mag die Finanzbranche noch vor solchen Tendenzen bewahrt bleiben?

Die für diese Entwicklungen nicht blinde Deutsche-Bank-Führung hat ein paar Neuerungen eingeführt, mit denen sie sich die Zukunft sichern will. Eigentlich alles noch ganz brav, aber es reicht, um konventionellen und konservativen Deutsche-Bankern die verbliebenen Haare zu Berge stehen zu lassen:

Zum einen können die Kunden es mit Multibanking versuchen. Das heißt, auf der Kunden-Website werden »fremde« Konten und Depots zugelassen, deren Wert man mit einem Klick aktualisieren kann. Auf einem sogenannten »Marktplatz«

werden Angebote von Fremdanbietern eingestellt, die mit ihren Tagesgeld- und Festgeldangeboten mehr Zinsen bieten als die Bank selbst. Das ist eigentlich revolutionär, doch leider sind die Angebote rar und nicht so attraktiv wie das, was der Markt tatsächlich hergibt.

Dann ist da noch die App namens Finanzguru. Entwickelt von einem Start-up namens dwins, einem Sieger aus der TV-Sendung *Die Höhle der Löwen*. Die Deutsche Bank ist mit eingestiegen, sie versucht, bei den jungen Fintech-Entwicklern den Fuß in der Tür zu haben. Das Produkt läuft auf dem Smartphone, sieht ganz nett aus, ist aber in Wirklichkeit eine Spielerei, die wie ein Haushaltsbuch Einnahmen und Ausgaben vergleicht, Spartipps gibt und Verträge verwalten kann. Kann man haben, muss man aber nicht. Und was bringt das der Bank?

Doch nicht nur bei der Deutschen Bank sieht die Zukunft düster aus. So wie ihr geht es den meisten deutschen Bankinstituten. Die gesamte Branche und ihr Personal: Sie stehen vor revolutionären Veränderungen und müssen um ihr Bestehen bangen. Das zeigt auch die Geschichte der Commerzbank. Sie benötigte 2008 auf dem Höhepunkt der Finanzkrise sogar staatliche Unterstützung, um zu überleben. Davon hat sich das Bankhaus nie richtig erholt. Heute ist sie eine vergleichsweise kleine und unbedeutende Bank. Ansonsten gibt es da als größere private Institute nur noch die Hypobank oder die ING (früher DiBa). Aber das sind Töchter ausländischer Mütter. Die deutschen Banken haben sich selbst in die Bedeutungslosigkeit verabschiedet. Das gilt für die Sparkassen und Volksbanken nicht minder. Sie verkleinern sich, schließen Filialen und reduzieren Personal. Die Corona-Krise hat die Entwicklung verstärkt.

Wie tief die deutsche Geldbranche im Tiefschlaf steckt, zeigt das Beispiel PayPal. Der Bezahldienst hat vor zwanzig Jahren in den USA das Leben erblickt. Er macht das Bezahlen im Netz einfacher und schneller: Allein mit der E-Mail-Adresse kann man Geld überweisen und Zahlungen empfangen, mit einem Klick, mit sofortiger Ausführung und ohne großen Aufwand. Das war ganz besonders für die Amerikaner interessant. Sie waren bis dahin gewohnt, Schecks auszustellen. Es dauerte deutlich länger als bei PayPal, bis das Geld auf dem Empfängerkonto erschien. Inzwischen nutzen mehrere Hundert Millionen Menschen weltweit PayPal, und auch in Deutschland ist dieses sogenannte Micropayment-System Marktführer. Die deutschen Banken haben diesem Erfolg sehr lange tatenlos zugesehen, die PayPal-Transaktionen gingen und gehen an ihnen vorbei. Auch das schwedische System »Sofortüberweisung« wird nicht von den Banken unterstützt. GiroPay spielt eine Außenseiterrolle.

Erst vor drei Jahren – sozusagen auf den letzten Drücker – wurde von den Banken in Deutschland ein Gegenspieler zu PayPal auf den Weg gebracht: paydirekt. Während zurzeit mehr als 23 Millionen Menschen in unserem Land PayPal nutzen, ist die Zahl der paydirekt-Kunden immer noch überschaubar. Kritiker sagen, der Versuch eines konkurrierenden Bezahlsystems sei zu spät gekommen und von manchen Banken halbherzig betrieben worden. Inzwischen wollen sich einige Banken bereits wieder von paydirekt verabschieden. Wer zu spät kommt …!

Im Netz macht man sich über die behäbigen deutschen Geldinstitute lustig. Ein Kommentar bei Twitter drückt es drastisch aus: »Alle Innovationen wurden verschlafen, egal ob es um PayPal, Prepaid-Kreditkarte oder Bitcoins geht. Der letzte große Fehler ist die Schließung der örtlichen Filialen. Damit haben die klassischen Banken ausgedient.«

Haben sie wirklich ausgedient? Ist deshalb ein Job bei der örtlichen Sparkasse oder bei einer Bankfiliale ohne Zukunft?

Die deutschen Banken, Sparkassen und Volksbanken haben erkannt, dass junge Leute eine andere andere Art Bank wünschen. Ein Beispiel: Inzwischen gibt es Kwitt, das gemeinsame

Transaktionssystem von Sparkassen und Genossenschafts- bzw. Volksbanken. Damit kann man per Smartphone Beträge bis dreißig Euro blitzschnell weiterleiten. Aber nur an die systemeigenen Kontobesitzer. Die vielen Millionen Kunden privater Banken (wie zum Beispiel der Deutschen Bank) bleiben außen vor. Ihnen wird geraten, paydirekt zu nutzen. Also ist die Sache in Deutschland wieder mal etwas komplizierter und mühsamer als im Rest der Welt.

Wenn man den Gründern der kleinen und wendigen Konkurrenzunternehmen glauben mag, haben die großen Banken- und Sparkassenorganisationen keine Zukunft, die kleinen jungen aber schon. Sie halten die alten Banken für Dinos, denen das Aussterben bevorsteht. Wenn die Vorhersage stimmt, sind diese Dinos aus der Sicht von Arbeitnehmern keine attraktiven Adressen. Eine Arbeitsbiografie, die auf eine sichere Beschäftigung bis zum Renteneintritt setzt, wird bei den herkömmlichen Bankhäusern sicherlich nicht mehr geschrieben werden. Bei den Neuen, die sich um unsere Geldgeschäfte bewerben, gibt es aber auch keine Jobgarantie. Doch denken jene jungen Leute, die zum Arbeiten zu solch einem Fintech gehen, auch nicht vorrangig in Kategorien wie Sicherheit, dauernde Beschäftigung oder Häusle bauen.

Für sich selbst sehen die Gründer eine rosige Zukunft: Den Fintechs gehört die Welt – glauben sie jedenfalls. Tatsächlich sind Fintechs bis jetzt noch nicht allgemein bekannt, aber sie gewinnen ständig neue Kunden und bieten jungen Digital Natives auf Jobsuche Zukunftschancen. Nehmen wir beispielhaft das Fintech mit Namen N26. Es ist eine Bank für die Jungen, alles wird online erledigt, Filialen gibt es nicht, Berater auch nicht – höchstens einen sogenannten Support oder ein Chatangebot. Allerdings sollte man da nicht auf eine große Servicebereitschaft setzen. »Banking. But without the bullshit.« Mit diesem Werbespruch machte N26 in den deutschen Großstädten auf sich aufmerksam. Geklebt wurden die Plakate vor allem an zentralen Knotenpunkten, in U- und S-Bahnhöfen. Denn dort erreicht man exakt jene Kundschaft, die von einer Sparkasse nur »bullshit« erwartet. N26 wird als Smartphonebank bezeichnet, also eine Bank ohne Schalter und ohne papierne Kontoauszüge. Es ist eine der bemerkenswertesten Neugründungen der letzten Jahre. Auf der Homepage wird man begrüßt mit dem Versprechen: »Die erste Bank, die du lieben wirst.«

N26 wirbt damit, dass sich in acht Minuten ein Konto eröffnen lasse, dass die Kosten gering seien, auch wenn man sich konventionelle Bankprodukte wie eine Kreditkarte bestelle oder einen Kredit beantrage. N26 verfügt inzwischen über eine vollwertige Banklizenz. Die Macher und Gründer stammen zum Teil aus dem Stall von Rocket Internet, dem Wirtschaftsimperium der Samwer-Brüder (Zalando). Mehr als drei Millionen Kunden konnten inzwischen eingesammelt werden, man ist inzwischen nicht nur in Deutschland, sondern in vielen europäischen Ländern und den USA aktiv. »Wir wachsen täglich um 10 000 Kunden«, behauptet der Deutschland-Chef Georg Hauer. Die gesamten Bankgeschäfte sollen von ein paar Hundert Angestellten bewältigt werden.

Typisch für eine Neugründung ist einerseits die große Klappe: es den alten Banken zeigen zu wollen. Andererseits hakt es dann zu Beginn auch manchmal sehr heftig. So wurde in der Anfangszeit von N26 mehreren Hundert Kunden gekündigt mit der Begründung, sie hätten zu oft kleinere Bargeldbeträge abgehoben. Na klar, jede Abhebung kostet die Bank Geld, da wollten sie sparen. Aber das machte sich in den Social-Media-Kanälen gar nicht gut. Wer damit Reklame macht, dass er keinen Bullshit liefert, darf nicht so auftreten. Das Echo jedenfalls war verheerend.

Beispielhaft die Bewertung in einem Internetforum: »Vor einiger Zeit wurden die Konten vieler N26-Kunden gekündigt, weil sie zu oft am Bankomat Bargeld abgehoben haben. Den Kunden wurde der Grund für die Kündigung nicht mitgeteilt. Erst als die Medien das Thema aufgriffen, äußerte sich N26 dazu. Seitdem darf man viermal monatlich Bargeld abheben. Für mich wäre das zwar mehr als ausreichend, aber wie soll ich einer Bank vertrauen, die zuerst mit ›Kostenlos ohne Wenn und Aber‹ wirbt und dann Kunden kündigt, weil sie das beworbene kostenlose Geldabheben nutzen?« Außerdem beschwerte sich der Kunde, dass er bei Fragen an das Supportcenter bis zu drei Wochen auf eine Antwort warten musste und in der Zwischenzeit mit Textbausteinen abgespeist wurde.

Es gab zudem Sicherheitsprobleme, die von Fachleuten hart kritisiert wurden, weil sie Unbefugten Abbuchungen ermöglichten. N26 reagierte schnell, das Problem wurde zügig behoben. Im vergangenen Jahr meldete sich die Finanzaufsichtsbehörde Bafin bei N26 und forderte die Beseitigung von Mängeln, die Geldwäsche und Terrorismusfinanzierung möglich gemacht hätten. Vermutlich handelt es sich bei all diesen Problemen um Kinderkrankheiten.

Fintechs wie N26 werden sich durchsetzen und die konventionellen Banken vor sich hertreiben. Zumal es inzwischen nicht nur um einfache private Bankkunden geht. Die Fintechs wenden sich auch an Selbstständige, Handwerker, kleine Betriebe und wollen sich denen als moderne Hausbank anbieten. Das steckt alles noch in den Kinderschuhen, aber wie ernst die jungen Herausforderer genommen werden, lässt sich daran ablesen, dass vor Kurzem Deutschlands größter Versicherungskonzern, Allianz, Geld in die Hand genommen hat, um N26 zu unterstützen. Es heißt, man habe einen hohen Millionenbetrag in die Newcomer investiert.

Das ist umso interessanter, als die Allianz bisher immer in gutem Einvernehmen mit den großen Geldhäusern zusammenarbeitete. Die Unterstützung für den jungen aggressiven Konkurrenten ist also nicht nur eine Investition in die Zukunft, sondern auch eine Art Verabschiedung von den konservativen »Alten«. N26 sei klarer »Vorreiter im Mobile Banking«, sagte der Digitalchef des Allianz-Konzerns. »Wir sehen viele Verknüpfungspunkte für ein Zusammengehen zwischen N26 und der Allianz-Gruppe.«

Die großen Banken sind schlicht von der Digitalisierung überrascht worden. »Die Technologiesysteme der Finanzinstitute sind dreißig bis vierzig Jahre alt«, sagt ein amerikanischer Analyst. Bei der Deutschen Bank stammen die Basissysteme aus dem Jahr 1974, die Renovierung bei laufendem Betrieb ist teuer und fällt schwer.

Währenddessen setzen sich zügig neue Angebote durch, die sich auch die Kunden etablierter Banken interessiert anschauen: Das korrekte Wort lautet im typischen Fintech-Slang Robo Advisor. Es steht für das Programm einer digitalen Geldverwaltung. Diese Form der Geldanlage kommt vergleichsweise preiswert daher; die Kosten liegen bei den meisten Anbietern unter einem Prozent bezogen auf das angelegte Kapital.

Das System ist nicht ganz neu. Die Amerikaner fingen vor zehn Jahren an. In Deutschland ging es vor fünf Jahren los. Aber jetzt verbreitet sich die digitale Geldanlage richtig schnell. Die klassischen Banken wollen ihre Kunden nicht verlieren und mischen zwangsläufig mit. Vor allem aber sind junge und hungrige Start-ups in diesem Geschäft aktiv.

Für den Arbeitsmarkt bedeutet das: Egal ob die konventionelle Bank oder das Start-up mit dem Robo Advisor auf Kundenfang geht, es werden auf jeden Fall klassische Arbeitsplätze vernichtet und nur in geringem Maße neue geschaffen. Der altbekannte Bankberater kann seinen Hut nehmen. Er ist zu teuer. Der Robo Advisor muss einmal programmiert und dann laufend kontrolliert werden. Das erfordert Spezialisten, aber eben nur wenige. Da die digitale Verwaltung für den Kunden in jedem Jahr Gebühren sparen hilft, ist sie inzwischen für viele attraktiv. Es gibt bei uns mehr als zwanzig Anbieter, die um Kundschaft werben. Sie verwalten Kundengelder in Höhe von vierzehn Milliarden Euro. Das ist noch nicht viel, aber ein Blick auf die USA zeigt, wo es hingeht. Dort werden um ein Vielfaches höhere Beträge digital angelegt.

Manche Angebote, das Geld in die Hände digitaler Programme zu geben, kommen direkt von den Banken. Bei der Deutschen Bank ist das zum Beispiel ein sogenannter »Robin«, der zu Kosten zwischen 1 und 0,5 Prozent arbeitet. Die Bank verspricht: »Mensch und Maschine kümmern sich um Ihr Kapital«, es wird aber nicht transparent, wo da Menschen eingreifen und inwiefern. Es gibt Robo Advisor, die sich über Banken neue Kunden empfehlen lassen; zum Beispiel Scalable Capital im Windschatten der ING Bank.

In Zeiten allgemein steigender Kurse ist die Geldverwaltung keine Kunst. Die echte Leistung zeigt sich in Zeiten schwankender oder sinkender Kurse oder gar beim Crash, wenn Aktienkurse in allen Segmenten und in allen Ländern fallen und Vermögen vernichtet werden können. Dieser Test war angesichts der Corona-Krise fällig, als die Kurse in den Keller rauschten.

Die Prüfung, dass sie nämlich billiger, besser und schneller sind als die menschlichen Geldverwalter, hat die Mehrzahl der Robo Advisor nicht bestanden. Im Gegenteil. Viele zögerten zu lange, Aktien oder Fonds zu verkaufen und vernichteten viel Kapital ihrer Kunden. In den vier Krisenwochen zwischen Februar und März 2020 machte der Dax Verluste von 39 Prozent. Die meisten Roboter reagierten zu langsam und brachten ihren Kunden Verluste von im Schnitt siebzehn Prozent, der Marktführer Scalable Capital vernichtete sogar Vermögen in Höhe von fast 26 Prozent. Die Verantwortlichen entschuldigten sich damit, dass so eine extreme Lage an den Börsen nicht vorhersehbar gewesen wäre. Aber die Entschuldigung überzeugt nicht. Menschen können es demnach in solchen Fällen doch besser als Computer, deren Programmierung ungewöhnliche Situationen nicht vorhersieht.

Die Digitalisierung hat also einen alten Wunschtraum von Anlegern nicht erfüllen können: den Einstieg in die Geldanlage mit Wertpapieren, wenn die Kurse unten sind, und den Verkauf der Wertpapiere, wenn die Kurse Höchststände erreicht haben. Robo Advisor können nicht zaubern. Nur Insider könnten bessere Ergebnisse liefern, aber sie würden sich strafbar machen.

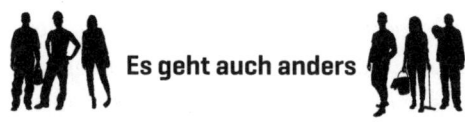

Es geht auch anders

»WIR WOLLEN WACHSEN!«

DIE ING-BANK MACHT VOR, WIE BANKING GEHT

Was nun? Die Internetseite meiner Bank lässt sich nicht öffnen. Ich will online Geld überweisen. Aber die Online-Präsenz der Bank verweigert den Zugriff. Bin ich schuld? Jetzt hilft nur noch der Telefonservice. Meine Erwartung für das, was jetzt kommt, ist niedrig. Das kennt man doch: lange Wartezeiten in Ansageschleifen, schreckliches Musikgedudel, irgendwann die Bandansage: »Wir sind überlastet. Bitte rufen Sie noch einmal an.«

Genauso habe ich es auch von der Telefonhotline der ING-Bank erwartet. Aber ich werde positiv überrascht. Es geht schnell, eine menschliche Stimme meldet sich, ich werde verständnisvoll durch die Tücken des Onlinebankings geführt, die notwendigen Sicherheitsabfragen, dann funktioniert alles wieder. Eine singuläre Erfahrung? Oder steckt mehr dahinter?

Zur Geschichte dieser Bank: 1965 gegründet als Bank für Sparanlagen und Vermögensbildung (BSV). Mehrheitlich im Eigentum des Deutschen Gewerkschaftsbunds. Die Bank soll Arbeitnehmern beim Anlegen der damals eingeführten vermögenswirksamen Leistungen zur Seite stehen. In den Neunzigerjahren nennt man sich Deutsche Direktbank, dagegen klagt (angeblich wegen Verwechslungsgefahr) erfolgreich die Deutsche Bank, also benennt man sich um in Allgemeine Deutsche Direktbank. Daraus wiederum wird später die Abkürzung DiBa. Ende der Neunzigerjahre steigen die Holländer der ING-Bank ein, 2003 übernehmen sie die Mehrheit, der Name lautet nun ING-DiBa. Heute ist der Begriff DiBa verschwunden. Die Bank heißt ausschließlich ING, in Deutschland wie in allen anderen Ländern, wo sie aktiv ist. Ihre Schwächen: Es ist eben eine Direkt- oder Internetbank. Es gibt keine Zweigstellen, keine Menschen hinter einem Bankschalter. Ihre Stärken: neben dem bereits beschriebenen auffallend guten Service im Netz oder am Telefon die jahrelang herausragenden Tagesgeldzinsen, die attraktive Kreditfinanzierung und das für die meisten Kunden kostenfreie Girokonto mit der Möglichkeit, an jedem Banking-Terminal kostenfrei Geld abzuheben.

Aus der kleinen BSV der Sechzigerjahre ist eine Bank mit zehn Millionen Kunden geworden, ständig wachsend, während die anderen sich verkleinern müssen. Die ING ist nicht nur groß, sondern auch erfolgreich: die profitabelste Bank in Deutschland. Was die Kunden als guten Service spüren, hat seine Entsprechung im Inneren: »Ich saß schon fest in Hartz IV, ohne große Hoffnung, da herauszufinden. Und jetzt habe ich doch noch einen guten Job.« Roland Wick gehört nach üblichen Maßstäben zum alten Eisen. Seine Geschichte: Von der Sparkasse entlassen, wegen Umorganisation, wie es im Beratersprech heißt. Viele

Bewerbungen geschrieben. Fast alle enden mit einem schriftlichen »Danke, nein«. Ein einziges persönliches Bewerbungsgespräch, danach ebenfalls »Danke, nein«. So läuft das vieltausendfach. Wen regt das noch auf im Land der nicht geschätzten Senioren, der Frühentlassenen? Schon ziemlich resigniert sieht Roland Wick eine Anzeige der ING-DiBa in der *Frankfurter Neue Presse*. »Ausbildung 50+« steht in der Überschrift, und weiter: »Wir suchen Mitarbeiter jenseits der 50.« Er bewirbt sich und erhält eine Chance. Nach einer einjährigen Ausbildung hat Roland Wick wieder eine Arbeit mit einem richtigen Gehalt. Schon während der Ausbildung bekommen die Bankassistenten nicht nur ein schmales Lehrlingsgeld, sondern ein richtiges Gehalt, knapp, aber immerhin. Dann, nach der Ausbildung, sind es mehr als 3000 Euro. Tschüs, Hartz IV!

Bei Erika Sperber lief es genauso. Bis zu ihrem sechzigsten Lebensjahr hat sie in verschiedenen Firmen gearbeitet, dann trifft auch sie die sogenannte Umstrukturierung. Arbeitslos! Bei der ING-DiBa findet sie wie Roland Wick eine neue Stelle. Bankassistenten nennen sie sich. Er berät Kunden, die nach einer Hypothek fragen, und hilft bei der Bearbeitung der Anträge.

»Wir brauchen in unseren Teams auch ein paar Ältere«, erklärt Ausbildungsleiter Dieter Doetsch, »das tut uns gut.« Also haben die Alten auch eine Funktion nach innen. Die meisten von ihnen aber werden an das Kundentelefon gesetzt. Damit die Anrufer merken, dass auf der anderen Seite auch Leute arbeiten, die so alt sind wie sie selbst. »Ich will hier arbeiten, bis ich 67 bin«, bekräftigt Wick. »Ich bin glücklich. Ein Problem mit den Jungen hier im Haus habe ich nicht, haben wir alle nicht. Wir treffen uns nach der Arbeit, da lässt mich niemand spüren, dass ich der Alte bin.«

Arbeitgeber wie die ING, die sich auf diese alten Neuen einlassen, machen meist gute Erfahrungen. Vielleicht sogar bessere als mit jungen Azubis. Denn die Jungen sehen die Ausbildung zum Bankkaufmann oftmals als Notbehelf, weil es mit dem Studium nicht geklappt hat. Ältere sind zum Erfolg entschlossen.

Die ING wächst unaufhörlich. In den letzten Jahren mussten die erfolgreichen Direktbanker mehrfach umziehen. Das aktuelle Hauptquartier steht in Frankfurt am Messegelände. Vermieter ist der Sparkassenfonds Deka, der jenen Sparkassen gehört, die Herrn Wick für überflüssig erklärten. Die Ironie der Geschichte, dass er jetzt in deren Immobilie arbeitet, ist ihm aber nicht bewusst. In der Nachbarschaft grüßen die Türme von Commerzbank, Deutscher Bank, Hessischer Landesbank. Die Frankfurter Bankennachbarn setzen zurzeit Tausende Mitarbeiter auf die Straße.

Die ING hingegen stellt sich strukturell neu auf und führt bei sich im Unternehmen agiles Management ein – als erste deutsche Bank. Das wirbelt das mittlerweile viele Tausend Menschen umfassende Personal kräftig durcheinander. Aus sieben Hierarchieebenen werden zwei. Die Manager müssen sich ihren Leuten regelmäßig erklären, warum sie für ihre Aufgabe die Richtigen sind. Die Basis der Mitarbeiter wird viel stärker als bisher gefordert. Sie sollen Verantwortung übernehmen, sich dem Wandel der Finanzindustrie stellen und ihn annehmen. Der ING-Deutschland-Chef Nik Jue, ein Holländer, erklärt: »Agilität ist kein Selbstzweck. Wir müssen uns schneller dem Wandel der Welt anpassen.« Es geht um beschleunigte Produktanpassung und mehr Produktverantwortung des Einzelnen. Das kommt – wie in allen Unternehmen, die es zurzeit mit der Agilität versuchen – nicht bei jedem gut an. Aber der Vorstandsvorsitzende ist sich sicher, dass in ein paar Jahren alle erfolgreichen Banken so arbeiten werden. Und er fügt stolz hinzu, dass die ING dann einen Vorsprung haben und noch erfolgreicher sein werde als heute. Auch durch die Corona-Krise ließ sich das Wachstum der ING nicht bremsen. Im Gegenteil:

Man meldete ein überdurchschnittliches Wachstum bei der Anmeldung neuer Konten und bei der Auftragsvergabe bei den Depots. Das zeigt, dass die ING in ihrer besonderen Aufstellung auch weiterhin eine Zukunft hat. Vor allem: Auch die Mitarbeiter können ruhig in die Zukunft sehen. Wenn sie sich verändern und mit der Zeit gehen.

RIECHT ES DA VIELLEICHT MUFFIG?

ACHTUNG, ES KOMMT DER VERSICHERUNGSVERTRETER

Es wurden schon so viele Witze über Vertreter gemacht. Unvergessen: »Es saugt und bläst der Heinzelmann ...«, textete Loriot über den Staubsaugervertreter. Man glaubt es kaum, aber es gibt ihn noch. Vertreter sind das auslaufende Verkäufermodell für eine im Wandel befindliche Branche, die Versicherungen.

Er vertritt das typische Rollenmodell: ein Besucher, mehr zwangshöflich hereingebeten als freudig empfangen. Einer dieser beleibten und haarlosen älteren Herren, die um Aufmerksamkeit buhlen, indem sie schlechte Witze erzählen. Die sich auf dem heimischen Sitzmöbel breitmachen. Diese Sorte Mensch also fischt Papiere aus Klarsichthüllen und fängt an: »Haben Sie denn auch schon bedacht ...?« Der Versicherungsvertreter. Vielleicht ein Zerrbild. Die Makler oder Vertreter von heute sehen meist anders aus und nähern sich ihren Kunden etwas moderner. Aber sie sind immer noch – Vertreter. Niemand will so einen Typ zu Hause auf dem Sofa haben. Das Berufsbild hat kein gutes Image. Und keine gute Zukunft. Die großen Versicherungskonzerne sind sich bewusst, dass sie selbst den Wandel einleiten müssen. Bevor der Wandel sie überrollt.

»Wenn Ihr Versicherter eine Apple Watch trägt, weiß Apple möglicherweise mehr über den Gesundheitszustand Ihres Kunden als Sie«, macht Sascha Lobo bei seinen Zuhörern Stimmung. »Und vor allem sind die Daten live und in Echtzeit bei Apple.« Es ist ein Kongress der Versicherungsbranche, 1200 Vermittler, Vertreter und Makler aus der Branche sind gekommen. Lobo ist der Gastredner. Sein Thema: Die Zukunft der Krankenversicherung angesichts der Digitalisierung. Er spricht Klartext vor seinen Zuhörern: Wer sich als Kunde im Netz bewege, Google als Navigationshilfe benutze, um den Weg zur Apotheke zu finden oder den Termin beim Physiotherapeuten von Siri eintragen lasse, der vertraue dem Internet Informationen über seinen Gesundheitszustand an. Wer eine Smartwatch wie die von Apple ständig am Handgelenk trage, vermittle Daten über seinen Puls, über seine körperliche Aktivität und vielleicht sogar über seine körperlichen Beschwerden. Das müssten die Herrscher der Internetwelt, allen voran Google, Apple oder Microsoft, nur noch verknüpfen und zu einem Angebot bündeln. Dann könnten sie ein perfektes Versicherungsangebot unterbreiten, personalisiert, preiswert, maßgeschneidert. Und dann sehe der diesen Kunden seit Jahrzehnten betreuende, ehrwürdige Versicherungskonzern mit seinen Mitarbeitern und seinen Vertretern plötzlich sehr alt aus.

Man sieht es den Zuhörern an, was sie während Lobos Vortrag denken: Erzähl du uns was von unserem Geschäft. Davon verstehen wir mehr. Wie du schon aussiehst ...! Die Zuhörer lehnen sich zurück, im Bewusstsein ihrer seit vielen Jahren wachsenden Akquisitionen, der hohen Beitragseinnahmen und der wachsenden Gewinne.

Dann aber berichtet Sascha Lobo von jener Branche, die jahrzehntelang erfolgreich Geschäfte gemacht hat und ebenfalls als unerschütterlich galt: der Fotoindustrie. Sie produzierte Fotoapparate, Zubehör und Kleinbildfilme, unterhielt Großlabors und machte Milliardengewinne. Die Namen Agfa oder Kodak waren weltbekannt. Sie verdienten gutes Geld, bis aus den Mobiltelefonen plötzlich Smartphones mit Kamerafunktionen geworden waren. Als diese qualitativ immer besser wurden und schließlich mit sehr guten Objektiven, mit Zoom und Bildstabilisatoren aufwarten konnten, ging es zügig bergab mit der Foto, Film- und Videoindustrie. Es gab Pleiten. Oder die Firmen retteten sich in andere Geschäftsfelder – wie zum Beispiel Olympus, die inzwischen mit Medizintechnik ihr Geld verdient. Manche machten nur noch klein und fein weiter, etwa die Firma Leica. Generell aber sind die Kamera- und Kleinbildfilmhersteller weitgehend verschwunden. Es ist wie bei der Schallplatte: Ein paar Nostalgiker pflegen noch die alte Technik und beschaffen sich Kleinbildfilme. Aber es sind so wenige, dass die einst große Branche nicht von ihnen leben kann.

Nach diesen Ausführungen sieht man unter den Zuhörern dann doch einige nachdenkliche Gesichter. Sie scheinen plötzlich zu realisieren, dass der verstaubte PC mit dem Betriebssystem Windows 7 auf dem Schreibtisch ihrer Agentur nicht das ist, was man aktuell unter Digitalisierung versteht. Und selbst wenn man in den Mutterhäusern der Versicherungsunternehmen schon einen Schritt weiter ist, wird es zunehmend schwieriger, mit der Online-Konkurrenz mitzuhalten. Da sind zum Beispiel jene Vergleichsportale, die so tun, als ob sie tatsächlich die wesentlichen Angebote der Versicherungen vergleichen und das beste Angebot für die Kunden herausfiltern. In Wirklichkeit bietet das bei uns bekannteste Portal Check24 nur eine Auswahl, aber keinen generellen Vergleich. Ausschließlich die Versicherungen, die bereit sind, für ihre Präsenz auf diesem Portal Geld in die Hand zu nehmen, werden aufgenommen. Das bedeutet, dass Kunden nicht unbedingt das für sie beste Angebot finden. Aber man nimmt ihnen Arbeit ab, es geht alles viel schneller als bei der Versicherung.

Auf diese Weise ist Check24 ein wichtiger Marktteilnehmer geworden, eher ein Makler oder Vertreter als ein echtes Vergleichsportal, aber mit einem Angebot, das es Interessenten extrem leicht macht, zum Vertragsabschluss zu kommen. Da wird den Vertretern ein Stück vom Kuchen weggenommen. Es kam deswegen auch zu einem Rechtsstreit, der darin mündete, dass Check24 nun den folgenden Satz auf seiner Homepage präsentieren muss: »Für Kunden ist unser Service kostenlos. Wir finanzieren uns über Provisionen, die wir im Erfolgsfall von Anbietern erhalten.« Nur ist dieser Hinweis so gut versteckt und klein gehalten, dass er kaum wahrgenommen wird. Er dürfte das Geschäft kaum stören. Solche Internetangebote werden zunehmen und den konventionellen Anbietern das Leben schwer machen.

Und auch das Produkt selbst, also der Versicherungsvertrag, wird sich verändern. Das zeichnet sich jetzt schon ab. Auf dem Markt sind bereits an den Kunden angepasste Autoversicherungen, die voraussetzen, dass sich der Kunde während der Autofahrt kontrollieren lässt. Will man das nicht, wird es teurer. Der italienische Versicherungskonzern Generali hat in seinem Heimatland schon mehr als eine Million Kunden, die sich bereit erklärt haben, ihr Bewegungsprofil während der Fahrten aufzeichnen zu lassen. Der Lohn der Überwachung: Ihr Versicherungstarif ist niedriger als bei konventionellen Policen. Das Risiko: Im Schadensfall wird genau hingeschaut und es kann für den Versicherten schnell sehr kostspielig werden.

Dieses Modell hat Generali auf den deutschen Markt übertragen. Über die firmeneigene Direktversicherung Cosmos werden junge Kunden anvisiert. Die sollen bis zu dreißig Prozent sparen können, wenn sie in die Überwachung einwilligen. Unter dem Druck dieses Vorreiters sind auch die deutschen Versicherungen Allianz und HUK-Coburg mit vergleichbaren Tarifen eingestiegen. Telematik-Tarif nennt man so etwas in der Versicherungsbranche. Das Ganze wird in einer Sprache angepriesen, die Versicherungsmanager für jugendlich halten: »Die App BetterDrive misst Deinen Fahrstil mithilfe von GPS. Für jede Fahrt werden verschiedene Faktoren wie z. B. Beschleunigungs- und Bremsverhalten geprüft. Daraus ergibt sich ein Scorewert, den Du zum ersten Mal nach 400 Kilometern erhältst. Der Scorewert ist die Basis für Deinen Versicherungsbeitrag. Je näher Du an die maximale Punktzahl von hundert kommst, desto mehr sparst Du – bis zu dreißig Prozent jedes Jahr.« Bei einer anderen Versicherung klingt das so: »Vorteil: Wer vorausschauend und sicher fährt, spart am Jahresende bis zu dreißig Prozent Beitragskosten. Zusätzlich gibt es einen Start-Bonus in Höhe von zehn Prozent, sobald die ersten hundert Kilometer Fahrdaten übermittelt wurden.«

In dieser Werbesprache kommt nichts Negatives vor. Aber es lässt sich herauslesen: GPS bedeutet Kontrolle. Die Telematik-Tarife funktionieren genauso wie viele andere Angebote im Netz: Die Ersparnis (wie die Bonus-Versprechungen bei manchen Strom- oder Gastarifen) lässt die Abwehrreflexe gegen die damit verbundene Überwachung fallen. Viele Konsumenten verkaufen sich und ihr Privatleben für ein paar Euro. Sollte er oder sie dann aber in einen Unfall verwickelt sein, wird ausgewertet und ermittelt: Wie schnell fuhr das Auto? Wie war der Straßenzustand? Hätte der Fahrer langsamer fahren müssen?

Wer jemals nach einem Schadensfall in eine Diskussion mit seiner Versicherung geraten ist, weiß, was das bedeutet. Da wird plötzlich alles infrage gestellt. Man fühlt sich wie beim Verhör. Wenn Sie nicht brav antworten, lehnt die Versicherung den Leistungsantrag ab und es wird teuer. Die Ersparnis beim Vertragsabschluss ist dann schnell zum Teufel. Immerhin verspricht die Allianz, die gespeicherten Daten nicht an die Polizei weiterzugeben. Angeblich sollen sie auch bei der Schadensregulierung nicht berücksichtigt werden. Und es wird betont: »Die Allianz verwendet Ihre Daten nicht zur Risikoeinschätzung bei anderen Versicherungsverträgen.« Das kann man glauben, muss man aber nicht.

Ein Beispiel: Angenommen, ich will eine private Haftpflichtversicherung abschließen. Die Versicherung lehnt ab. Ich vermute, weil ich gerne schnell fahre und bei denen inzwischen als Mensch gelte, der gerne ein Risiko eingeht. Wie soll ich beweisen, dass die nicht vorher in ihre Kontroll-App geschaut haben, die sie in mein Auto eingepflanzt haben? Und dass sie dann entschieden haben: Den nehmen wir lieber nicht? Sie werden es nicht zugeben, aber ich habe keine Chance, das Gegenteil zu beweisen.

Noch einen Schritt weiter in Sachen Überwachung geht wefox. Das ist eine junge Gründung, ein Start-up aus Berlin. Die neuen Eroberer laufen unter dem Gattungsbegriff Insurtechs und versuchen, den konventionellen Versicherern Kunden abzujagen. Dabei geht es um völlig neue Geschäftsmodelle, die einerseits deutlich billiger sein sollen, andererseits aber für die Kunden Neues, jedoch nicht unbedingt Besseres bringen.

Die Grundidee von wefox: Die Kunden werden auf der Basis von Geodaten rund um die Uhr überwacht. Wenn sie Auto fahren, erfährt der Versicherer alles über ihr Fahrverhalten (wie bei den Telematik-Tarifen von Generali oder der Allianz). Zu Hause muss der Kunde zulassen, dass der Zustand der Wohnung überwacht wird. Ob Kfz-Versicherung oder Hausratversicherung: Der Kunde wird live kontrolliert, eventuell gewarnt, bei Bedarf springt der Versicherungsschutz an und es wird online kassiert. Eine revolutionäre Idee, die beinhaltet, dass nur dann versichert wird, wenn eine Versicherung gebraucht wird.

Der junge Firmengründer Julian Teicke beschreibt das so: »Die Auslandskrankenversicherung springt an, wenn Sie Deutschland verlassen, und wird sofort beendet, wenn Sie wieder da sind. Oder Sie steigen aufs Fahrrad, die App weiß das, und Sie haben für die Dauer der Fahrt eine Unfallversicherung.« Dahinter steht die Idee, dass die Versicherungsunternehmen künftig nicht nur als Unternehmen im Falle eines Schadens auftreten, sondern dass sie warnen sollten, noch bevor ein Schaden entsteht.

Schöne neue Welt – sie kann nur existieren angesichts der allgegenwärtigen Präsenz von Smartphones und der schnellen Netze. Aber diese Welt bedeutet auch: permanente Kontrolle, nicht nur im Auto, sondern dauerhaft, Tag und Nacht. Für Kunden, denen der Schutz ihrer Daten viel bedeutet, dürfte so ein Geschäftsmodell nicht attraktiv erscheinen. Jedenfalls heute noch nicht. Angesichts der wachsenden Nachlässigkeit im Umgang mit Daten könnte sich die Szene schon in ein paar Jahren so verändert haben, dass wefox zum ernsthaften Konkurrenten der etablierten Versicherungen wird. Denn künftig werden die »normalen« Verträge, wie wir sie kennen, unverhältnismäßig teuer erscheinen. Wieder gilt: Ein niedriger Preis senkt die Hemmschwelle vor digitaler Kontrolle, was einem im Schadensfall jedoch zum Verhängnis werden kann. Der oben geschilderte Versicherungsfall mit der kaputten Fensterscheibe könnte dann im schlechtesten Falle so ablaufen: Sie melden die zerschossene Fensterscheibe als Haftpflichtschaden bei Ihrer Versicherung und bitten um die Rückerstattung der Reparaturkosten. Antwort der Versicherung, automatisiertes Schreiben, elektronisch, ohne Unterschrift: Unsere Überprüfung der Sachlage ergab, dass Sie und Ihr Kind zum genannten Zeitpunkt nicht zu Hause waren. Rechnung abgelehnt! Mist. Sie haben sich im Datum geirrt. Neuer Versuch mit dem richtigen Datum. Antwort der Versicherung: Es war kein Ball. Es war ein nicht identifizierbarer Gegenstand ohne lesbares QR-Label. Abgelehnt. Sie beschweren sich. Antwort der Versicherung: »Wir bitten um Verständnis, dass wir das Vertragsverhältnis mit Ihnen auflösen.« Schreiben elektronisch. Ohne Unterschrift.

So könnte es ablaufen in dieser neuen Zeit mit niedrigen Tarifen und maximaler Kontrolle. Darauf sollten wir uns einstellen. Denn als Versicherungskunden können wir ihr kaum entkommen. Es sei denn, wir sind bereit, unattraktive Versicherungsprämien zu zahlen.

Zur Ehrenrettung der Versicherungen sei festgestellt, dass sie in der Gegenwart zunehmend gegen Versicherungsbetrug kämpfen müssen. Dafür benötigen sie aktuell noch sehr viel Personal mit Sachkenntnis und zum Teil detektivischem Spürsinn. Allein bei der Allianz werden pro Jahr mehr als zwei Millionen Schäden gemeldet. Es geht dabei um Auszahlungen von mehr als fünf Milliarden Euro. Der Branchenverband GDV spricht davon, dass jährlich insgesamt etwa fünfzig Milliarden Euro für den Ersatz von Schäden gezahlt werden und dass davon etwa zehn Prozent, also stolze fünf Milliarden Euro, betrügerisch eingefordert werden.

Da sind jene »Autobumser«, die Verkehrsunfälle willkürlich herbeiführen, um Geld von ihrer Kfz-Versicherung oder auch von der eines fälschlich beschuldigten Gegenparts zu kassieren. Oder aber jene Fälle von Brandstiftung, bei denen ziemlich wertlos gewordene und leer stehende Gebäude dem vom Volksmund so genannten »heißen Abriss« zugeführt werden. Hinzu kommen die vielen kleinen Fälle von zersplitterten Vasen, die als Haftpflichtschaden deklariert werden.

Vor einiger Zeit machte sogar Klopps Brille eine kriminelle Karriere. Jawohl, die Brille des Fußballtrainers Jürgen Klopp. Und zwar so: Bei einem Bundesligaspiel (da war er noch Trainer bei Borussia Dortmund) ging im Torjubel seine Brille zu Bruch. Ein Foto des zerstörten Gestells geriet ins Netz (Sie können es da immer noch finden). Dieses Foto wurde von mehr als hundert Haftpflichtversicherten verwendet, um einen Schaden zu dokumentieren und Geld von der Haftpflichtversicherung zu fordern. »Klopps Brille« ist als Anekdote in die Geschichte der Betrugsfälle in der Haftpflichtversicherung eingegangen.

Die Intelligenz der Täter war sicherlich nicht allzu groß. Aber dass Versicherungen Personal einsetzen müssen, um solche Forderungen und auch die etwas raffinierteren abzuwehren, steht außer Zweifel. Künftig werden sich solche Betrugsversuche durch den Einsatz von Robotern noch viel einfacher aufdecken lassen. Doch der Roboter wird bei der Überprüfung auch die ehrlichen Kunden ins Visier nehmen und vielleicht auch mal danebenliegen. Bisher konnte man auf Verständnis und Kulanz hoffen, wenn einem beim Ausfüllen eines Antrags ein Fehler unterlaufen ist. Das wird Vergangenheit sein, weil man es nicht länger mit Menschen zu tun haben wird. Roboter sind nicht empathisch und daher auch nicht kulant. Roboter sind kühl und sachlich.

Das Image der Versicherungen ist schlecht. Und sie haben es sich selbst zuzuschreiben. In Berlin lehrt Professor Hans-Peter Schwintowski Versicherungsrecht, er engagiert sich beim Bund der Versicherten. Man kann sagen, dass er auf der Seite der versicherten Kunden steht. Von ihm stammt dieses schöne Zitat: »Die Versicherung ist dein Freund, solange du zahlst. Die Versicherung wird zu deinem Feind, wenn du von ihr etwas forderst.«

Dieser Satz könnte das Motto sein zum Umgang der Versicherungen mit der Corona-Krise. Sie hatten nämlich viele Kunden, die sich gegen Betriebsschließungen durch von außen kommende Anlässe versichert hatten – zum Beispiel Einzelhändler oder Gastwirte. Als es darum ging, die versprochene Leistung abzurufen, stellten sich Allianz und Co. quer. Da hieß es, in den Policen sei von der Pest, der Cholera und anderen Seuchen die Rede, nicht aber von Covid-19. Formal richtig. Aber man konnte sich ja gar nicht gegen Covid-19 versichern, weil die Pandemie neu ist (und die Pest ist im Übrigen seit ein paar Hundert Jahren nicht mehr aufgetreten). Nach dem allgemeinen Aufschrei der Versicherten hat die Allianz ein wenig nachgegeben und ein paar Zahlungen geleistet: weniger als erwartet und unter Hinweis auf ihre ach so großzügige Handlungsweise. Ist es ein Wunder, dass das Image dieser Branche schlecht ist?

Was aber wird in Zukunft aus den vielen Tausend Mitarbeitern dieser Versicherungen? Jene Heerscharen von Frauen und Männern, die heute noch täglich in die Hochhäuser von Allianz, Ergo und Co. strömen? Der Blick auf die beruflichen Aussichten der Versicherungskaufmänner und -frauen ist nicht erfreulich. Viele der Tätigkeiten, die es in diesem Beruf aktuell noch gibt, werden demnächst von künstlicher Intelligenz erledigt. Schon heute bearbeiten Computerprogramme Anträge und übernehmen das Abrechnen von privatärztlichen Rechnungen. Die Sachbearbeiter von heute, mit denen man reden und verhandeln, an deren Verständnis man appellieren konnte: Die wird es nicht mehr geben. Verrentet. Abgefunden. Abgeschafft.

Bleiben wir bei dem Beispiel des Versicherungsschadens, den ein Kunde meldet. Wir haben in Zukunft maschinell lesbare Unterlagen einzureichen. Der Roboter liest unseren Antrag, unsere Quittungen, analysiert den Schadenshergang. Vielleicht haben Sie irgendwann vor langer Zeit beim Kauf Ihrer Smartwatch versehentlich zugestimmt, dass Ihre körperlichen Messwerte verwendet werden dürfen. Also wird der Roboter auch darauf zugreifen. Die Antwort wird direkt kommen, denn Maschinen sind nicht nur billiger als Menschen, sondern auch schneller und sie sind unfehlbar. Gnadenlos.

Ist der Job Versicherungskaufmann/Versicherungskauffrau also von gestern? In seiner konventionellen Ausführung sicherlich ja. Bei den 1200 Versicherungsunternehmen sind zurzeit etwa 290 000 Menschen angestellt. Vor fünf Jahren waren es noch über 300000. Hinzu kommen die Versicherungsvermittler (freie oder gebundene) sowie die Makler. Von ihnen gibt es 220000 in Deutschland, vor fünf Jahren waren es 250000. Der richtige Abbau kommt erst noch. Von ihm wird nur eine exklusive Minderheit verschont bleiben, die für Führungsaufgaben, IT oder besondere Kunden verantwortlich ist. Denn es wird immer einen speziellen Bedarf geben, der weiterhin die persönliche Beratung erfordert: Versicherungen für exklusive Branchen, für wertvolle Einzelgüter, für die Haushalte besonders wohlhabender Menschen. Aber so wie heute wird es in Zukunft nicht mehr sein. Zumal die Corona-Krise die Reihen noch schneller als bisher lichten wird. Besonders mit Auszubildenden halten sich die Versicherungen in den nächsten Jahren zurück. Natürlich tut sich etwas, es geht auch in dieser Branche anders, aber auch dann nur mit verminderter Belegschaft.

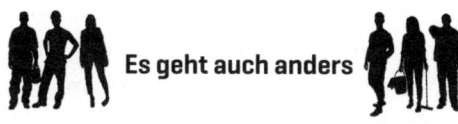

Es geht auch anders

»FÜR DIE TRANSFORMATION BRAUCHT MAN ANDERE LEUTE«

DANIEL SCHREIBER GREIFT MIT LEMONADE DIE VERSICHERUNGEN AN

Noch gibt es sie, die sogenannten Bestandskunden. Die bei ihrer Versicherung ausharren, weil da auch schon die Eltern waren. Das läuft doch alles problemlos. Da gibt es die gedruckten Policen und die Prämien werden regelmäßig abgebucht.

Aber die nächste Generation? Die Jungen mit ihren Smartphones? Begriffe wie Police sagen ihnen nichts mehr. Sie stellen die hohen Beträge infrage, die Versicherungen von ihnen verlangen.

Das ist der Ansatzpunkt für Leute wie Daniel Schreiber, der bisher eine junge Internetversicherung für den amerikanischen Markt betrieb und jetzt den deutschen Markt aufrollen will. Schon der Name seiner Firma zeigt es: Lemonade! Frech und jung gegen alt und gravitätisch. Während die großen Dickschiffe der Branche bisher nicht in der Lage sind, ihre jahrzehntealten IT-Systeme und Vertriebsorganisationen zu modernisieren, tritt Schreiber mit aktueller Technikausstattung ganz unbefangen an.

Lemonade bietet zum Start auf dem deutschen Markt ausschließlich Hausrat- und Haftpflichtversicherungen an und behauptet, aus einem Kundenkontakt hundertmal so viele Daten generieren zu können wie ein traditioneller Versicherer. Schreiber sagt: »Bei einer digitalen Interaktion werden bestimmte Informationen automatisch gesammelt.« Daraus könne er Einblicke generieren, die im Versicherungsgeschäft große Wirkungen entfalten.

Ich mache einen Test und frage die Lemonade-Homepage: »Ich habe mir ein E-Bike gekauft. Kann ich das bei Lemonade versichern?« Die Antwort kommt schnell von einem »Maximilian«, wobei ich nicht sicher bin, ob dieser Maximilian ein Mensch ist oder ein Chatbot: »Hallo Michael, Glückwunsch zum neuen E-Bike und mega cool, dass du dich für Lemonade interessierst …!« Dann folgt ein Herzchen-Symbol aus der Emoji-Kiste und der Vorschlag, genauere Angaben zu Kaufpreis, Standort etc. zu machen. Da habe ich dann nicht weitergemacht, zumal ich so ein wertvolles E-Bike gar nicht besitze.

Auf der Lemonade-Internetseite heißt es: »Vergiss alles, was du über Versicherungen weißt.« Es werden Hausrat- und Haft-

pflichtversicherungen ab zwei Euro Prämie pro Monat versprochen und im Schadensfall blitzschnelle Auszahlung. Man kann
sein Anliegen oder einen Schadensfall auch per Video melden.
»Unsere Algorithmen können mit einem Video sehr viel anfangen«, verspricht Schreiber. Eine ungewöhnliche Annäherung
an den Kunden, von der nicht absehbar ist, ob sie Erfolg haben
wird. Jedenfalls betreibt Lemonade sein Geschäft weitgehend
mit Bots und nur etwa zweihundert echten Menschen. Der
Gründer sagt ganz lässig zur Personalsituation bei den altein-
gesessenen Konkurrenten: Für deren Jobs gewinne man keine
jungen Leute mehr. Es werde zwar keinen großen Knall, aber
dafür Übergänge geben, und die würden Jahrzehnte dauern.
Jedenfalls:»Für die Transformation braucht man andere Leute.«

Ganz ohne die Alten scheint es aber auch bei Lemonade
nicht zu gehen. Der französische AXA-Konzern hat bei Lemonade Geld investiert, auch der große Konkurrent Allianz,
dessen Digital-Chef Solzmaz Altin sagt:»Die großen Ambi-
tionen von Lemonade haben uns überzeugt … Es gibt mögliche Synergien.«

Ich schaue mir den Internetauftritt von Lemonade noch
einmal genauer an und scrolle nach unten in Richtung Impressum. Plötzlich heißt es da:»Wenn du hierher gelangt bist, hast
du dich wahrscheinlich verirrt. :-) Klick hier, um zurück zur
Zivilisation zu gelangen.« Ziemlich frech!

Ich habe mich nicht verirrt. Mich hat die Autoren-Neugier
gepackt, ich möchte sehen, wer im Impressum der Lemonade-
Homepage steht. Manchmal kann man da Überraschungen
erleben. Bei Lemonade geht es frech-munter weiter im Text:
»Falls du abenteuerlustig bist, scroll nach unten für ein paar
Worte von unseren Anwälten …« Ich habe gescrollt. Da kommt
nach viel leerer und weißer Fläche der Text:»Noch ein bisschen
weiter …« Und nach einer Weile:»Warte …« Schließlich:»Und
…« Ja, und dann erscheint ein seitengroßes Foto. Mit zwei ver-

kniffen guckenden Herren, Typ Rechtsanwalt. Graue Anzüge, schlimme Hemden, schlimme Krawatten. Sie halten zwischen sich ein sehr großes weißes Poster, krakelig beschriftet, obendrauf das Wort »Impressum« zwischen zwei gemalten rosa Herzchen und dann der lange Text, der bei uns gesetzlich vorgeschrieben ist. Juristisch alles okay. Aber in dieser Comedyshow macht man sich lustig über die peniblen deutschen Vorschriften und liegt damit genau richtig für die Jungen, die bei Lemonade nach einer etwas anderen Versicherung suchen. Wer so auftritt, ist ziemlich von sich selbst, der Firma und dem künftigen Erfolg überzeugt.

TANKE KÖNNEN WIR AUCH

WARUM REWE UND CO.
BALD OHNE VERKÄUFER VERKAUFEN

Früher gab es noch den Verkäufer. Heute werden wir an einem Kassenterminal zum Selberscannen aufgefordert. In Zukunft wird es im Supermarkt fast menschenleer – zumindest was die Mitarbeiter angeht. Ohne Bedienung, ohne Kassiererin. Wie aus Kunden Dienstboten werden, auch wenn Edeka sagt: »Wir lieben Lebensmittel«. Warum sie aber möglichst wenige Arbeitnehmer davon leben lassen wollen.

Ist das die Zukunft? Supermärkte wie Lagerhallen? Beleuchtet von kaltem bläulichem Licht? Durch die der Kunde unauffällig huscht, sich seine Packungen greift und dann schnell zur Kasse eilt? Noch vor Jahren schien das die Zukunft der Branche zu beschreiben. Discounter wie Aldi und Lidl ließen Gabelstapler durch die Läden fahren. Hunderte No-Name-Produkte warteten auf hölzernen Paletten. War die Palette leer, kam der Gabelstapler mit einer neuen. Es sah ganz so aus, als würde sich der gesamte Lebensmittelhandel auf diese Weise entwickeln. Die deutschen Discounter expandierten erfolgreich – erst in Deutschland, dann in den europäischen Nachbarländern, in den USA und sogar in Australien sieht man überall Aldi.

Zum vollkommenen Durchmarsch dieser Discounter ist es dann aber doch nicht gekommen. Die Welt des Handels mit Lebensmitteln hat sich weiterentwickelt. Die Discounter ohne

Charme und ohne Markenartikel gibt es noch. Aber das sind Ausnahmen. Ansonsten sind die Billigläden auf dem Rückzug. Es gibt neue Trends. In Richtungen, die so nicht erwartet werden konnten, ja sogar mit gegenläufigen Entwicklungen.

Richtung Nummer 1. Das ist der Amazon-Shop, wie er in Amerika ausprobiert wird. Der Kunde legitimiert sich am Eingang, am besten mit seinem Smartphone. Er greift sich die verpackten und konfektionierten Lebensmittel. Bedientheken gibt es nicht. Stattdessen jede Menge Convenience, also vorfabrizierte Lebensmittel, auf die die Mikrowelle wartet. Da ist die Gewinnspanne hoch. Der Kunde ist in Eile, er greift zu. Er packt alles direkt in seine Einkaufstasche, denn einen Einkaufswagen gibt es nicht. Die Regale erkennen, welche Ware er entnimmt. Im Geschwindschritt rauscht er durch die Reihen und raumhohen Kühlregale, greift zu und dann geht er zum Ausgang. Wo ist denn die Kasse? Und wo ist die übliche Warteschlange vor dieser Kasse? Gibt es alles nicht, beim Schlendern nach draußen erkennt eine Bezahlschranke die Einkäufe. Bevor er zu Hause ankommt, ist sein Bankkonto bereits belastet. Toll. Aber noch in der Erprobungsphase und bei uns noch nicht angekommen.

Richtung Nummer 2 (siehe: Es geht auch anders), gewissermaßen am anderen Ende: Das ist der Delikatessenladen, wie er sich in den Metropolen der Welt in den Eins-a-Lagen präsentiert oder in den Fressabteilungen der Kaufhäuser wie Harrods, Rinascente, KaDeWe. Da wartet dann an einer schimmernden Theke die Fachfrau für Schokoladenspezialitäten oder der Spezialist für Schalentiere auf Kundschaft, gebügelt, geputzt, gestriegelt, mit Schürze und weißer Mütze. Während beim Discounter die Schokolade nur ein paar Cent kosten darf, werden hier für hundert Gramm Schokolade drei oder vier Euro aufgerufen. Die Kunden tragen zum Schluss ein kleines Päckchen davon, für das sie so viel bezahlt haben, wie eine vierköpfige Familie mit Durchschnittseinkommen für das tägliche Essen ausgeben kann.

Dazwischen gibt es alle möglichen Variationen. Für Reiche und Arme. Für sparsame Reiche und großzügige Arme. Für die Leute, die in der Aldi-Tasche ihre Austern davontragen. Für Leute, die ihren Ferrari beim Discounter parken und im Laden darauf achten, ob es Waren mit abgelaufenem Verbrauchsdatum verbilligt gibt.

Bisher wurden die Märkte morgens vor Öffnung mit Waren bestückt. Viele Konzerne beschäftigten damit Arbeitskräfte von Zeitpersonalfirmen. Das ist auch jetzt noch so und das kostet Geld. Da steckt mit dem Einzug moderner Warentechnik Sparpotential. Künftig geht's billiger, wenn die IT-vernetzten Gabelstapler der Zukunft losgelassen werden, die mit Greifarmen und Lesegeräten ausgerüstet die leeren Stellen im Regal auffüllen. Die Jobber von heute stehen morgen auf der Straße.

Auf dem Weg zu Personaleinsparungen haben die Händler sich die Situation an der Kasse ausgeguckt. Da ist der Stau. Die Leute stehen Schlange und langweilen sich. Die Amazonisierung, also das automatische Auslesen der Ware, ist noch Zukunftsmusik. Selbstbedienungskassen zum Selberscannen der Waren hingegen gibt es schon heute, da wacht nur noch eine letzte Angestellte vor mehreren Kassenterminals, damit die Kunden nicht schummeln und Artikel am Scanner vorbeischmuggeln. Aber auch das lässt sich automatisieren. Kameras sind vielleicht sogar wirksamer und einschüchternder als menschliche Blicke. Schließlich der Bezahlvorgang: Im Zuge der Automatisierung der Kassen im Handel wird auch das Bargeld verschwinden. Künftig wird ausschließlich elektronisch gezahlt werden. Im Vorbeigehen sozusagen, mit Kreditkarte, mit PayPal, Google Pay, Apple Pay oder was da sonst noch erfunden wird. Die Herausgabe von Wechselgeld durch Mitarbeiter fällt damit weg.

Kunden, denen der Besuch im Supermarkt zuwider ist, können sich schon jetzt beliefern lassen. Sie bestellen online. Bisher scheitert manche Zustellung noch am Problem der Anwesenheit des Kunden zu Hause. Aber praktikable Liefersysteme und abschließbare gekühlte Boxen beim Empfänger sind im Kommen. Jedenfalls ist wieder einmal Amazon vorgeprescht und jetzt auch als Lebensmittellieferant unterwegs. Wie so oft in den letzten Jahren wollen sie hier nicht als einer von vielen mitmischen, sondern sie wollen auch diesen Geschäftsbereich beherrschen und die Konkurrenz verdrängen. Also müssen die bekannten Filialisten wie Rewe und Edeka nachziehen, wenn sie nicht ins Hintertreffen geraten wollen. Bisher ist die Lieferung vor die Haustür ein Zusatzgeschäft. Aber das kann sich ändern. Noch sind die Kunden zögerlich, aber so ist das oft bei Neuerungen. Irgendwann ist der Bote für Lebensmittel akzeptiert.

Was bringt die Zukunft für den Beruf des Einzelhandelskaufmanns? Eine eindeutige Entwicklung ist nicht vorhersagbar. Es gibt Trends. Im Einzelhandel arbeiten momentan etwa drei Millionen Beschäftigte, in den letzten Jahren gab es sogar einen leichten Anstieg. Aber: Immer mehr Menschen arbeiten im Niedriglohnbereich, mehr als die Hälfte der Arbeitnehmer hat Teilzeitjobs oder sogar Minijobs. Viele Arbeitgeber verlassen ihren Verband und flüchten aus den Tarifverträgen, damit sie ihren Mitarbeitern weniger als bisher zahlen dürfen. Die Zahl der Einzelhandelsgeschäfte in den Innenstädten nimmt ab. Kaufhäuser fusionieren und schließen Niederlassungen. Die fortschreitende Digitalisierung wird im Lebensmittelhandel vieles verändern. Für die klassischen Aufgaben des Verkaufens, Verpackens und Kassierens werden künftig automatisierte Lösungen zuständig sein. Kassiererinnen und Regaleinräumer werden damit überflüssig. Nur noch in exklusiven Geschäften oder bei Marktständen werden Menschen gebraucht. Gesucht werden auch künftig Arbeitnehmer in

Leitungsfunktionen: Filialleiter, Verkaufsleiter, aber auch hier wird es zahlenmäßig immer weniger Arbeitsplätze geben.

Das lässt sich so im Großen und Ganzen auf den gesamten Einzelhandel übertragen. Die amtliche Berufsausbildung bewirbt dennoch unverdrossen die einzelnen Ausbildungsberufe, als habe sich nichts getan und als werde sich nichts ändern. Zum Beispiel auf der Plattform *ausbildung.de*: »Als Kauffrau im Einzelhandel bist du die gute Seele eines Geschäfts und Ansprechpartnerin Nr. 1, wenn ein Kunde Rat benötigt. Du berätst die Kundschaft und kümmerst dich um die Warenpräsentation, sodass die Kaufentscheidung gleich ein bisschen leichter fällt. Damit in den Regalen keine gähnende Leere herrscht, füllst du sie regelmäßig auf. An der Kasse heißt es auch bei großem Kundenandrang, nicht die Übersicht zu verlieren. ... Um welche Produkte dein Leben sich zukünftig dreht, hängt ganz von dir ab. Denn generell werden Einzelhandelskaufleute überall gesucht, wo Ware an den Mann gebracht wird ...« usw., usw.

Was für eine heile Welt! Wo leben diese Autoren? Vielleicht gab es das noch einmal angesichts der Schlangen vor den Supermärkten zu Hochzeiten der Corona-Krise. Vielleicht gibt es das auch noch in den nächsten Monaten. Aber dann ...? Sieht so die Zukunft für Beschäftigte des Einzelhandels aus? Leider nein. Gebraucht werden Fachkräfte für Bedientheken und Systemgastronomen für die wachsenden Gastronomieangebote in den Läden – aber dieser Bedarf ist weitaus kleiner als die Verluste im normalen Handel. Im restlichen Einzelhandel wachsen generell die Probleme – der Onlinehandel setzt sich durch. Das hat spürbare Folgen für die Beschäftigten. Eine Zukunft gibt es für akademisch gebildete Spezialisten, Führungskräfte, Marketingmenschen.

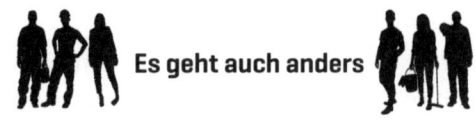
»WIR ERZÄHLEN EINFACH ZU WENIG«

OSCAR FARINETTI MISCHT MIT EATALY DEN LEBENSMITTELHANDEL AUF

»Ich habe mich von Disneyland inspirieren lassen«, sagt Oscar Farinetti. Er spricht über seine Firma Eataly. In dem Kunstwort steckt »Eat« für Essen und »Italy«, eine geniale Verschmelzung. Darüber hinaus ist Eataly vor allem eine gute Geschäftsidee für eine Branche, die ansonsten mit dem Niedergang kämpft. Wie die Teekampagne beweist auch Farinetti, dass Neugründungen eben nicht nur in der IT-Szene erfolgreich sein können. Vor mehr als zehn Jahren gründete er sein Geschäft. Er kam vom Elektronikhandel. Von der Gastronomie verstand er so viel wie ein Laie, der gerne gut isst. Aber er hatte das entscheidende Gespür, das weltweit positiv besetzte Image von Italien zusammen mit exklusiver Gastronomie und wertvollen und hochpreisigen Lebensmitteln zu einem erfolgreichen Konzept zu verschmelzen.

Dabei geht es nicht um einen nur etwas größeren Supermarkt. Es geht um ein Imperium. Milliardenumsatz. Hoher Gewinn. Tausende von Beschäftigten. Sollte der geplante Börsengang gelingen, wäre Eataly mehrere Milliarden Euro schwer.

Alles begann in einer alten leeren Fabrikhalle in Turin. Auch mit dieser Ortswahl bewies Oscar Farinetti sein Gespür für Trends. Denn diese Mischung aus altem Backstein und cool-moderner Einrichtung blickt uns heute aus jedem Mode-

und Einrichtungsmagazin an. Aufgegebene Industriegebäude wie diese Halle in der Fiat-Stadt wurden oft nach langem Leerstand von Künstlern als billige Studios oder von Fotoagenturen als Set für Modeaufnahmen genutzt. Werbemenschen und Modeschöpfer erkannten das Potential dieser Hallen, sie ließen sie entkernen und als Lofts und Verkaufsräume ausbauen. Heute locken sie Kunden an, denen es auf Stil oder zumindest auf den sogenannten Style ankommt. In so einem Gebäude, einer alten Hülle mit neuem Innenleben, entstand der erste große Markt mit italienischen Lebensmitteln.

Als Eataly dann über den großen Teich expandierte und in New York eröffnete, standen die Kunden wochenlang an – in mehreren Hundert Meter langen Schlangen. Der New Yorker Bürgermeister kam zur Eröffnung. Als vor drei Jahren eine Filiale in München eröffnet wurde, feierte man dies als Kulturereignis. In den regionalen Zeitungen wurde das Event wie eine Operninszenierung besprochen. »Disneyland für Essen«, schrieb leicht mokant die *Welt am Sonntag*, als kürzlich in Bologna auf 80 000 Quadratmetern zwischen Großmärkten und Güterbahnhof der jüngste Fresstempel eingeweiht wurde. Der weltweite Erfolg und die wachsenden Umsätze zeigen, dass Farinettis Konzept funktioniert. Eataly bietet Restaurants, Bars, Verkaufstheken, Handel und Kochschulen mit exklusiven italienischen Lebensmitteln unter einem Dach. Auf allen Kontinenten – außer Afrika.

Forza Italia! Während die italienische Industrie insgesamt schwächelt und der Staat immer tiefer in die Verschuldung rutscht, hat sich das Image der italienischen Küche weltweit positiv entwickelt. Italienische Lebensmittel haben einen ausgezeichneten Ruf. Farinetti erklärt gerne, warum das so ist: Italien habe die weltweit größte Biodiversität. Von den 1200 in Europa existierenden Apfelsorten kämen 1000 aus Italien. »Wir erzählen einfach zu wenig davon.« Hier erkennt man das geniale Marketing Farinettis, denn natürlich hat auch Deutschland weit über 1000 Apfelsorten. Aber wer weiß das schon, wenn er durch die Hallen schlendert, in denen italienische Produkte angepriesen werden. Dass dann auch noch Italiens Slow-Food-Bewegung dem Unternehmen Qualität zuspricht, ist so eine Art amtlicher Segen für die hohen Preise.

Eataly holt täglich viele Tausend Besucher in seine Hallen in Turin und Bologna, in New York oder London, Tokio und Moskau. Überall werden die Kunden auf großen Tafeln über die vermeintliche Einzigartigkeit der Produkte informiert. In täglichen Kochkursen werden aus Fast-Food-Käufern im Schnellgang Köche geformt. Eataly singt das Hohelied der italienischen Esskultur. »Wie man die Kunden informiert und mit ihnen kommuniziert, ist absolut originell«, sagt der italienische Analyst Nicola Bitella.

Natürlich melden sich Kritiker. Zu Recht stellen sie fest, dass man allein mit den Produkten handwerklich arbeitender Betriebe nicht weltweit und in großen Mengen italienische Qualitätslebensmittel anbieten kann. Ohne industrielle Fertigung geht's nicht. Die Kritiker verweisen zum Beispiel auf den Nutella-Stand in den Eataly-Hallen, der zwischen den braven Käsemachern und den kernigen Winzern für die Produkte des milliardenschweren Ferrero-Konzerns wirbt. Auch der angebotene Grana Padano ist ein Massenprodukt, er ist Italiens bekannteste Käsemarke aus industrieller Fabrikation. Aber das übersehen sie vielleicht absichtlich oder zufällig, die vielen Zehntausend Kunden, die täglich Eataly besuchen. Sie wollen die Geschichten hören von glücklichen Kühen und seriösen Lebensmittelproduzenten. Sie suchen ein Lebensgefühl in einer unsicheren Welt. Und sie bezahlen gerne dafür: Disneyland mit Essen und Trinken.

Die deutschen Lebensmitteleinzelhändler sind nicht blind. Sie beobachten argwöhnisch, was Eataly treibt, und vor allem sehen sie die hohen Gewinnspannen. Der gewöhnliche, durchschnittliche Lebensmittelhändler macht angesichts der großen Konkurrenz und angesichts der Schnäppchenmentalität der Konsumenten im Allgemeinen nur einen knapp einstelligen Gewinn. Deswegen: Ob die Firmen Rewe, Edeka oder Kaufland heißen, alle wollen auf den Zug zum hochpreisigen Markt mit Bedientheke und Fachpersonal aufspringen – zunächst mit Testmärkten. Da sind die Spannen höher. Das Geld lässt sich leichter verdienen als im Massenmarkt. Während im Discounter die Kunden auf die Preise achten, verlieren sie an der Bedientheke den Überblick und greifen zu. Natürlich sprechen wir hier von einer begrenzten Zielgruppe der gut verdienenden städtischen Kundschaft. Dementsprechend ist auch der Personalbedarf begrenzt. Das Massengeschäft wird weiterhin anders ablaufen. Auch wenn Aldi, Lidl und Co. sich von den Holzpaletten unter Neonröhren verabschiedet haben, so werden sie dennoch nicht zum persönlichen Tante-Emma-Modell zurückkehren.

WO KOCHT DENN NOCH DER KOCH?

SYSTEMGASTRONOMIE AUF DEM VORMARSCH

Wenn in den Innenstädten Einzelhändler aufgeben, ziehen oft Res-
taurants als Nachmieter ein. Aber sind das wirklich Restaurants?
Meist sind es Imbissstuben oder Schnellbratereien, oft Franchise-
unternehmen internationaler Ketten. Das klassische Restaurant wird
zur Adresse für Genießer mit ausreichend Budget und Zeit. In den
Kettenrestaurants wiederum lässt sich in guten Zeiten viel Geld ver-
dienen – mit unterbezahlten Hilfskräften. In schlechten Zeiten stehen
die auf der Straße.

Natürlich gibt es das Restaurant alter Prägung noch, auch das
Wirtshaus (wie in Bayern oder Österreich), auch die Trattoria
(wie in Italien). Aber das sind Auslaufmodelle. Zwar wächst
der Umsatz der gastronomischen Betriebe, aber sie setzen zunehmend auf Systematisierung und Automatisierung. Was
früher der Koch war, wird in den Berufsschulen Fachfrau oder
Fachmann für Systemgastronomie genannt. Klingt eindrucks-
voll, aber dahinter verbirgt sich eine schlichte Ausbildung zum
Hamburgerbräter oder Spaghettikocher; es geht um begrenzte
Fähigkeiten am Herd oder an der Theke, mehr sollen und dürfen sie nicht können, die Systemgastronomen. Die Ausbildung
zum richtigen Koch gibt es daneben auch noch, sie dauert aber
deutlich länger.

  Wir finden immer weniger klassische Gaststätten – und
wenn, dann sind es oft hochklassige Restaurants, besternte

Küchen mit teuren Spitzenköchen und vergleichsweise gut bezahlten Fachkräften. Ein Ort für Minderheiten, die bereit sind (und dazu finanziell auch in der Lage sind), für ein Menü viel Geld auszugeben. Das ist aber nur ein verschwindend kleiner Anteil der Bevölkerung. Immer öfter verabschieden sich Sterneköche – obwohl hochgelobt – von ihren teuren Häusern. Da ist zum Beispiel Frank Buchholz in Mainz. Er gründete 2004 sein Restaurant Buchholz und bekam dort schon 2007 einen Michelin-Stern. 2015 schloss er das erfolgreiche Restaurant mit der Begründung: »Der Aufwand war zu groß geworden.« Er macht mit seinem Restaurant Bootshaus direkt am Rhein weiter, ein preiswerteres Restaurant, mit höherem Gewinn.

Daneben gibt es die Fast-Food-Anbieter für das Massenpublikum. Mich interessieren an dieser Stelle nicht die Gäste, die da ihr gutes Geld lassen, um zweifelhafte Qualität vorgesetzt zu bekommen. Hier geht es um die Arbeitsplätze, um die Jobs. Angestellte in der Systemgastronomie verrichten bei mäßiger Bezahlung vorgegebene Handgriffe, um ein normiertes Produkt herzustellen. Die Zutaten sind oft fertig portioniert. Die Garzeiten sind voreingestellt. Das Arrangement auf dem Teller ist vorgeschrieben. Kreativität? Unerwünscht! Spaß an der Arbeit? Stört nur! Es geht um den einheitlichen Auftritt bundesweiter oder sogar weltweit agierender Fast-Food-Ketten. In jeder Filiale (und seien es Hunderte) soll das Produkt identisch sein. Wie Industrieware.

Mit dieser Systemgastronomie lassen sich hohe Renditen erzielen. Umso rentabler wird das alles, je weniger Personal benötigt wird. Es lässt sich bereits heute beobachten, wie einfache Arbeiten automatisiert werden. Beim typischen McDonald's, Burger King oder KFC steht der Kunde vor der Bedientheke, nachdem er möglicherweise an einem Monitor durch Tastendruck seine Bestellung aufgegeben hat. Dann holt er sich sein

Essen ab. Wenig später bringt er Geschirr und Essensreste an eine Sammelstation. Das eigentliche Produkt, zum Beispiel der Burger, wird noch von Menschen zubereitet. Aber diese letzte Bastion menschlicher Arbeit steht auch schon zur Disposition. Noch laufen die Tests in den USA. Aber nicht im Geheimen, sondern in aller Öffentlichkeit, Gäste sind willkommen. Ihre Bestellungen werden am Eingang angenommen, sie bezahlen und dann dürfen sie durch eine große Scheibe bewundern, wie eine Maschine ihren Burger produziert: Alle Zutaten werden frisch zerkleinert, das Fleisch wird portioniert und gebraten, auf den Punkt, alles hygienisch. Ohne Berührung durch Menschen. Noch ist das in der Erprobungsphase, umgeben von Kontrolleuren. Aber nach einer gewissen Probezeit ist auch dieser letzte Mensch hinter der Glasscheibe wegrationalisiert.

Bald schon wird es in den vielen Tausenden Fast-Food-Restaurants nur noch Kunden geben, also Gäste, aber keine Köche, keine Bediener, keine Abräumer, keine Kassierer. Wer uns glauben lassen will, dass es nicht so schlimm werden wird mit der Automatisierung und dass der Lastwagenfahrer von gestern morgen doch bei McDonald's arbeiten könnte, dem sei gesagt: Im Gegenteil, der ehemalige McDonald's-Mitarbeiter wird neben dem Fernfahrer in der langen Schlange vor der Arbeitsagentur stehen.

Ähnlich wird es in den Starbucks-Cafés und ihren deutschen Pendants wie Coffee Fellows oder McCafé zugehen. Schon heute werden da von Angestellten nur noch Automaten bedient. Der Barista italienischer Herkunft, der den Espresso frisch mahlt, selbst in den Siebträger füllt und in die Maschine einsetzt, ist die Ausnahme und wird es bleiben. Dagegen lässt sich ausrechnen, wann die Mitarbeiter bei den großen Kaffeehausketten wegrationalisiert sind. Auch hier werden die Gäste komplett zur Selbstbedienung aufgefordert werden. Und wieder sind ein paar Tausend Jobs verschwunden.

Anfang 2020 arbeiteten noch mehr als eine Million Menschen in der Gastronomie – in den Küchen und als Servicekräfte. Ihre Zahl war in den letzten Jahren sogar gestiegen. »Die Gastronomie brummt!«, jubelte der zuständige Verband. Dann kam Corona. Da war plötzlich Schluss mit dem Brummen. Neben den freischaffenden Künstlern hat es die Gastrobranche mit dem Lockdown am härtesten getroffen. Anfangs beantragten 95 Prozent der Mitarbeiterinnen und Mitarbeiter Kurzarbeit. Viele Zehntausend dieser Kurzarbeiter meldeten sich anschließend arbeitslos, weil ihnen eine Rückkehr an den Arbeitsplatz nicht in Aussicht gestellt wurde. Nicht eingerechnet die zahlreichen Hilfskräfte und Jobber, für die diese Branche typisch ist. Denen wurde einfach keine Weiterbeschäftigung angeboten, sie fielen ins finanzielle Nichts. Anders als im produzierenden Gewerbe oder bei den dienstleistenden Betrieben kam die Gastronomie auch nicht zügig wieder in Gang. Die Hygieneanforderungen waren erheblich. Einige Betriebe starteten unter diesen Umständen mit deutlich weniger Personal, manche öffneten erst gar nicht. So könnte es sein, dass die Gastronomie auf lange Zeit schwer beschädigt bleibt. Mit bitteren Folgen für das Personal.

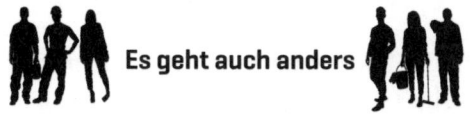 **Es geht auch anders**

HALLO FRECH!

WIE DOMINIK RICHTER MIT HELLOFRESH ZUM GEWINNER WURDE

Zu so einer Gründungsidee gehört Mut. Oder auch eine gewisse Frechheit. Es geht darum, in dieser Welt der Fast-Food-Ketten und des Convenience-Food das Selberkochen zu Hause als Geschäftsidee zu entdecken. Aber es hat funktioniert. Hello-Fresh heißt das Unternehmen. Es liefert sogenannte Kochboxen zu den Menschen an die Wohnungstür. Das Produktversprechen lautet: Wir bringen dir frische Zutaten für ein Menü, das du selber kochen musst. Du erhältst alles genau portioniert. Für zwei, drei, vier Esser im Haushalt. Wir zeigen dir, wie du das zubereitest. Und wir bringen dir immer neue Menüvorschläge. Das Unternehmen ist 2011 gestartet und kontinuierlich gewachsen. Besonders erfolgreich in Großbritannien und den USA, etwas langsamer in Deutschland, mittlerweile in zwölf Ländern aktiv.

Der große Erfolg kam mit der Corona-Krise. Während die Restaurants dichtmachen mussten und die Supermärkte ihre Kunden nur unter Restriktionen einließen, konnte HelloFresh seine Vorteile voll ausspielen. Zu den bisher drei Millionen Kunden kamen in der Corona-Krise nochmals eine Million Abonnements dazu. Der Umsatz stieg auf zwei Milliarden Euro. Er wird von nur 6000 Beschäftigten erwirtschaftet. Das sind natürlich nur in der Minderheit Köche, sondern vor allem IT-Fachleute und Hilfskräfte zum Verpacken der Kochboxen und ungelernte Fahrer für die Auslieferung.

Das schnelle Wachstum brachte das Unternehmen offensichtlich an seine Grenzen. Der Service hielt nicht immer Schritt. Im Internet häuften sich die Beschwerden enttäuschter Kunden. »Seit Corona fehlen in fast jeder Box Zutaten«, schreibt eine Kundin im Mai 2020. In der gleichen Zeit stellt ein anderer fest, dass er lange begeisterter Kunde gewesen sei und das Preis-Leistungs-Verhältnis gestimmt habe. Aber dann sei die Qualität schlechter geworden und man habe den Service nicht mehr erreichen können. Seine Feststellung: »Corona hin oder her, das ist ein bescheidener Service geworden.« Es gibt aber auch großes Lob, zum Beispiel Ende Mai 2020: »Die negativen Kommentare können wir nicht nachvollziehen. Die vielen neuen Produkte haben uns regelrecht begeistert.«

Die Börse jedenfalls belohnte in dieser Zeit, da andere Unternehmen nach Staatshilfe riefen, den unternehmerischen Erfolg. Gemessen am Gesamtwert der Aktien liegt HelloFresh inzwischen vor der Commerzbank oder der Lufthansa. Während die Lufthansa trotz staatlicher Rettungsmaßnahmen den DAX verlassen muss, könnte HelloFresh der Aufstieg gelingen. Das wäre dann schon bemerkenswert: Eine der größten Fluglinien der Welt mit über 130 000 Mitarbeitern und einem Jahresumsatz von zuletzt 36 Milliarden Euro müsste einem Lieferanten von Lebensmittelboxen weichen. Es zeigt, zu welchen Verwerfungen die Corona-Krise in der Welt der Wirtschaft geführt hat. Dominik Richter, der Gründer von HelloFresh und Geschäftsführer, bleibt gelassen: »Dass die Aktie so gestiegen ist, ist nichts, was uns zu Kopf steigt.« Immerhin: HelloFresh mit seiner Firmenzentrale im angesagten Berliner Bezirk Prenzlauer Berg gehört zu den erfolgreichsten deutschen Onlinefirmen.

NICHTS IST UNMÖGLICH ...

AUTOHERSTELLER BRAUCHEN KEINE GROSSEN HALLEN MEHR

Die Strategen bei den deutschen Autogiganten wussten es schon vor der Corona-Krise, die Mitarbeiter ahnten es: Die riesigen Werksgelände sind Vergangenheit, die Hallen mit den vielen Arbeitern und mit dem Drei-Schicht-Betrieb sind die Ruinen der Zukunft. Der Abstieg dieser Branche wird sich durch Corona beschleunigen. Mit Werksschließungen und Rationalisierungen wird die Abschaffung von Zehntausenden Mitarbeitern einhergehen. Eine Schlüsselindustrie verliert ihre Dominanz. Doch es fallen nicht nur Arbeitsstellen in den Autofabriken weg. Auch Zulieferer verlieren ihr Geschäftsmodell.

Die deutsche Automobilindustrie befand sich bis vor Kurzem in einer lang anhaltenden Hochphase. Sie beschäftigte 840 000 Menschen. Im Jahr 2019 wurden so viele Autos gebaut und verkauft wie schon lange nicht mehr. Für die deutschen Premiumprodukte fanden sich weltweit Kunden, die nicht so genau auf die Preise schauen mussten. Das sorgte nicht nur für hohe Stückzahlen, sondern vor allem für hohe Renditen. Aber es gibt einen Punkt auf dem Gipfel, da führt jeder weitere Schritt in den Abgrund. Könnte sein, dass dies die aktuelle Lage der deutschen Autohersteller beschreibt.

Lange schien die Sonne über der deutschen Schlüsselindustrie, aber die Wettervorhersagen sind nicht gut. Die Wolken tragen Namen wie Brexit, Boykottdrohungen aus den USA, schwache Konjunkturzahlen aus China, Umweltprobleme sowie Abneigung der Jugend gegen die Luftverpester. Dann kam auch noch die Corona-Krise: mit Werksschließung, Kurzarbeit, Zerstörung der Lieferkette. 2019 war noch einmal ein recht gutes Jahr für die deutschen Hersteller. Die Absatzzahlen waren hoch. Nicht nur gemessen in Stückzahlen, sondern auch, wenn man den Wert der einzelnen Fahrzeuge betrachtet. Viele Käufer gönnen sich teure Sonderausstattungen für ihren neuen Pkw, beginnend beim virtuellen Cockpit über die Lederausstattung mit handgenähten Kanten und Assistenzsystemen für alle möglichen Anforderungen im Straßenverkehr.

Die Corona-Krise brach wie ein Sturm über diese Vorzeigeindustrie herein. Die Werkshallen leerten sich. Die Fließbänder kamen zum Stillstand. Aber das war noch nicht einmal das größte Problem. Die wirkliche Katastrophe war, dass auch in den Wochen nach dem Lockdown kaum jemand in der weiten Welt ein Auto, also insbesondere ein deutsches Auto, kaufen wollte. Weder wollten die Unternehmen in neue Lkw für ihren Fuhrpark investieren noch hatten die privaten Interessenten Zeit oder Geld übrig, um an die Anschaffung eines neuen Pkws zu denken.

Ganz langsam scheint die Produktion wieder anzulaufen. Technisch könnte man wieder auf hohe Stückzahlen kommen. Doch die Kunden zögern immer noch. Wenn in aller Welt die Arbeitslosigkeit und die Kurzarbeit zum Dauerproblem werden, fehlt ganz einfach die Kaufkraft (und die Kauflust bei denen, die das Geld hätten). Lange werden die Hersteller und ihre Zulieferer nicht durchhalten. Dann wird man mit dem Personalabbau beginnen. Ob das wie früher »sozialverträglich« (also ohne Entlassungen) gelingt, ist fraglich. Vor allem aber wird es auch in dieser coronagebeutelten Branche den Nachwuchs treffen. Auszubildende werden zurzeit nicht benötigt. Neue Arbeiter, Ingenieure, Designer, Manager auch nicht. Da entsteht ein Generationenkonflikt.

Man wappnet sich in der Autoindustrie bereits seit Längerem gegen harte Zeiten. Anders als früher, als es immer mal vorübergehende Absatzeinbrüche und Krisen gab, geht es diesmal nicht darum, schnellere, bessere und teurere Autos zu entwickeln und zu hoffen, dass das Geschäft schon wieder anzieht. Es geht jetzt nicht mehr um neue Autos. Es geht um die Mobilität insgesamt. Das ist für die Autoindustrie ein neues Wort. Das müssen sie noch buchstabieren lernen. Die neuen Herausforderungen, denen sie sich in Wolfsburg und an den anderen Produktionsstandorten stellen müssen, sind von einem anderen Kaliber: Da ist die Krise wegen der Kaufzurückhaltung resultierend aus der Pandemie. Der sich abzeichnende Siegeszug der Elektromobilität. Dann die Vernetzung der Fahrzeuge: jene in diesem Zusammenhang bisher nicht gekannte Konkurrenz der IT-Konzerne. Und schließlich etwas, das sich mit dem modischen Begriff der Share Economy beschreiben lässt.

Elektromobilität. Viele glauben, das elektrisch betriebene Auto sei etwas Neues, aus dem Nichts heraus aufgetaucht, eine große Innovation. Aber das stimmt nicht. Die Elektromobilität erblühte bereits im 19. Jahrhundert und erreichte um die Wende zum 20. Jahrhundert einen Höhepunkt. 1896 gab es in den USA 34 000 elektrisch angetriebene Personenkraftwagen. Die Zahl ist umso eindrucksvoller, weil es insgesamt erst wenige Automobile gab. So waren tatsächlich 38 Prozent aller Motorfahrzeuge in den USA elektrisch angetrieben. Sogar Ferdinand Porsche war dabei, der 1900 auf der Pariser Weltausstellung ein mit elektrischen Radnabenmotoren angetriebenes Fahrzeug vorstellte. Dann aber war erst mal Schluss mit den Stromern. Benzin- und Dieselmotoren wurden immer besser, immer stärker. Das, was aus dem Auspuff kam, interessierte mehr als hundert Jahre keinen Menschen. Ein Umweltbewusstsein gab es nicht. Die Endlichkeit des Rohöls war noch nicht ins Bewusstsein der Menschen gedrungen. Dass dieser Treibstoff irgendwann verbraucht sein könnte, beschäftigte damals niemanden. Der Verbrenner eroberte die Szene und verdrängte alles andere in die Nische. Bis jetzt.

Immerhin sind die deutschen Hersteller inzwischen intensiv nach vorn blickend unterwegs, nachdem es zunächst so schien, als würden sie den elektrischen Trend verschlafen – mit Ausnahme von BMW. Die wussten vergleichsweise früh, dass sie auf die alternativen Antriebe blicken mussten. Schon 2011 kündigte der damalige BMW-Chef Reithofer ein vollelektrisches Fahrzeug, den BMW i3, an. Er gründete dazu eine eigene Untermarke mit dem Namen BMW i. Das Fahrzeug kam 2013 auf den Markt und verkauft sich seitdem mit steigender Tendenz. Inzwischen wurden mehr als 100 000 Stück verkauft, die meisten ins Ausland.

Dennoch, 100 000 Stück sind im Vergleich zu den anderen Produktionszahlen der Branche keine beeindruckende Größe. Volkswagen baut allein in seinem Werk in Wolfsburg jährlich mehr als 800 000 Autos, vor allem Golf-Modelle. Unbeeindruckt vom Dieselskandal hat VW in den vergangenen Jahren die Zahl der verkauften Autos beständig steigern können. Mehr als elf Millionen pro Jahr sind es aktuell. Fast alle sind konventionell angetrieben, Stromer spielen noch keine Rolle. Anscheinend kann niemand VW, den derzeit größten Hersteller der Welt, bremsen. Können sich die 650 000 Volkswagen-Beschäftigten also beruhigt zurücklehnen? Es wird doch bald wieder gut laufen!

Der Eindruck täuscht! Die Krise wird auch von den VW-Leuten gesehen. Der Betriebsrat von Volkswagen ist traditionell stark und versucht, alle Veränderungen, die die Arbeiter betreffen könnten, zu verhindern. Dennoch ist es ihm nicht gelungen, den sogenannten »Zukunftsplan« zu verhindern, der seit Langem erstmals einen deutlichen Abbau von VW-Arbeitsplätzen vorsieht. Um 30 000 Stellen soll die Belegschaft im gesamten Konzern sinken. Das ist angesichts der Größe des Unternehmens noch nicht viel. Aber es tut ja auch noch nicht richtig weh. Dass es vermutlich schmerzhaft werden wird, sehen Kenner der Branche durchaus. Die Pioniere und die Provokateure sind unterwegs. Sie heizen den Etablierten ein.

Tesla heißt das Auto, das Elon Musk in Amerika baut. Eine Referenz an Nikola Tesla, ein aus Kroatien stammender Wissenschaftler (1856–1943), der in die USA auswanderte. Er war Physiker und Elektroingenieur. Und er war Erfinder mit hochfliegenden Plänen, einem überbordenden Lebensstil, mit großartigen und dann wieder zusammenbrechenden Firmengründungen. Manche hielten Nikola Tesla für ein Genie, andere nur für einen Spinner. Auch Musk gilt (wie sein Vorbild) manchen als Genie, anderen hingegen als Großmaul. Mit seinen vollelektrischen Fahrzeugen will er die konventionelle Fahrzeugindustrie überholen. Bisher ist er ökonomisch jedoch um ein Vielfaches erfolgreicher als sein Vorbild Nikola Tesla. Als mehrfacher Milliardär gehört Musk zu den reichsten Menschen der Welt. Arbeiten müsste er nicht. Er betreibt seine Unternehmen mehr aus persönlichem Antrieb denn aus Gewinnstreben – darunter eine Firma für den Bau von Raumschiffen: SpaceX ist ein Unternehmen, dessen Ziel die Beförderung von Menschen mit Schallgeschwindigkeit ist.

Musk leistet sich auch die Freiheit, extreme, manchmal anstößige, hin und wieder absurde Meinungen zu vertreten. Zum Beispiel hält er den Ausbau und Betrieb eines öffentlichen Nahverkehrs für unsinnig, weil die Menschen gemeinsam mit Fremden transportiert werden und dabei in Kontakt mit potentiellen Serienmördern (vielleicht meint er inzwischen eher: Infizierten?) kommen könnten. Ein andermal kritisiert er die künstliche Intelligenz, denn sie würde irgendwann einen Roboterdiktator an die Macht bringen. Einerseits vertritt er die Meinung, man müsse sich ständig hinterfragen und kritikfähig sein. Andererseits hält er persönlich Kritik nicht aus. Vor allem nicht an seinem Lieblingsprojekt Tesla.

Tesla ist das größte Unternehmen im Reich des Elon Musk. Das Ziel ist der Aufbau einer Massenproduktion von elektrisch betriebenen und autonom fahrenden Pkws. Seine Autoproduktion ist durchaus erfolgreich und inzwischen sogar gewinnbringend, die Produkte sind technisch herausragend, sodass sie nach anfänglich abfälligen Einschätzungen inzwischen Respekt und Anerkennung bei den deutschen Premiumherstellern finden. Spätestens seitdem Musk den Bau einer großen Tesla-Fabrik in Brandenburg bei Berlin plant, wird er von den deutschen Herstellern als Konkurrent ernst genommen. Denn das Projekt ist ein Angriff auf die Platzhirsche im Kernland der deutschen Automobilindustrie, und die Betroffenen sehen das auch genau so. Während VW, BMW, Mercedes und Co. Arbeitsplätze abbauen, kommt dieser Amerikaner und plant Neueinstellungen. Ein Affront!

In den vergangenen Monaten gab es viel Hin und Her um die Produkte von Tesla. Der batterieelektrisch angetriebene Pkw unter dem Namen Model 3 funktionierte lange nicht in der Massenproduktion. Es gab Ärger, weil Tausende Interessenten Anzahlungen geleistet hatten und warten mussten. Elon Musk verstieg sich dazu, Journalisten, die über diese Misere berichteten, zu beschimpfen. Er tauschte reihenweise Manager aus und entließ Mitarbeiter. Dann kündigte er den Aktienrückkauf und die Beendigung der Unternehmensform Aktiengesellschaft an, damit er sich nicht mehr von Aktionären auf die Finger sehen lassen müsste. Später zog er diese Ankündigung wieder zurück. Schließlich drohte er in der Corona-Krise den kalifornischen Behörden. Er würde die gesamte Produktion in einen anderen Staat verlagern, wenn sie nicht umgehend die pandemiebedingte Betriebsschließung aufheben würden. Auch hier hat sich der Pulverdampf verzogen. Inzwischen laufen die Fabriken von Tesla wieder ordentlich, auch Model 3 läuft vom Fließband, findet zufriedene Kunden und taucht (wenn auch noch als Exot) zunehmend im deutschen Straßenverkehr auf. Wieder einmal hat Musk es allen gezeigt. Damit die Öffentlichkeit auch gleich angemessen beeindruckt ist, hat er sogleich weitere Modellreihen angekündigt. Tesla lebt!

Aber es ist nicht nur diese milliardenschwere Neugründung, die den konventionellen Autoherstellern Angst macht. Manchmal kommt die Revolution ohne viel Kapital und recht unscheinbar daher. Zum Beispiel so: »Als ich Chef von Opel war, konnte ich nicht sagen, dass der Verbrennungsmotor langfristig keine Zukunft hat«, gibt Karl-Theodor Neumann heute zu. Als er diesen Satz spricht, ist seine Karriere als Vorstandsvorsitzender bei Opel Vergangenheit. Aber wenn der Verbrennungsmotor keine Zukunft mehr hat, hat Opel dann überhaupt noch eine? Als Wurmfortsatz eines Konzerns, zu dem Marken wie Peugeot, Citroën, Fiat und Chrysler gehören? Als schrumpfendes Unternehmen ohne eigene Entwicklungsabteilung? Fragen, auf die es bisher keine Antworten gibt.

Neumann jedenfalls verließ Opel, als Peugeot dort die Macht übernahm, und arbeitet jetzt in einer – man muss es ehrlicherweise so nennen – Klitsche im Westen der USA, in einem Industriegebiet in Sichtweite einer Raffinerie. Nicht eben eine Topadresse. Man nennt so eine Gründung schönfärberisch Start-up, aber glamourös geht es nicht zu, wenn der ehemalige Vorstandsvorsitzende, 57 Jahre alt, bisher nur bekannt im schwarzen Anzug plus Krawatte, jetzt in bekleckerten Jeans die Farbrolle schwingt, um die Wände seines neuen Büros zu streichen. Gut, er wird zu nichts gezwungen. Er muss sich das nicht antun. Als Neumann bei Opel aufhörte, wurde ihm der Abschied mit ausreichend Geld versüßt. Arbeiten müsste er nicht mehr. Aber zusammen mit Stefan Krause (ehemals Deutsche Bank) und Ulrich Kranz (ehemals BMW) will er es noch einmal wissen. Die drei ehemaligen Topmanager haben sich vorgenommen, das Elektroauto gemeinsam von Grund auf neu zu denken. Nicht zu kompliziert, sondern ganz einfach. Nicht zu elitär, sondern für ganz normale Kunden. Es sei ein Fehler von Tesla gewesen, das Elektroauto nicht nur zu entwickeln, sondern es auch selbst bauen zu wollen. Daran könnten sie irgendwann scheitern. Glauben die drei deutschen Ex-Manager.

Das Start-up der deutschen Veteranen heißt Canoo. Es geht ihnen auch weiterhin ausschließlich ums Auto, denn fast ihr ganzes bisheriges Berufsleben spielte sich in diesem Universum ab. Sie sind jedoch abgeklärt genug, kein großes Rad drehen zu wollen. In den einfachen Räumen arbeiten etwa 350 Menschen, die meisten von ihnen als Entwickler. Sie wollen ein Elektroauto für wenig Geld schaffen. Eine große Batterie kostet Geld und frisst den Platz im Fahrzeug, also suchen sie nach einem kleinen Elektrospeicher. Die Reichweite ihrer Entwicklungen soll etwa 400 Kilometer betragen. Ihr Ziel sind sogenannte Plattformen, auf denen dann wechselnde Aufbauten montiert werden können: Taxis, Transporter, Freizeitmobile. Vor allen Dingen sind es keine perfekten Premiumkarossen, die da geplant werden, sondern billige alltagstaugliche Autos. Eine eigene Produktion wollen sie nicht aufbauen. Alles soll an Partner vergeben werden. Das erste Modell soll 2021 auf den Straßen rollen. Die Gründer streben nicht nach ganz oben, sie denken sehr pragmatisch, aber sie sehen durchaus Marktchancen neben den großen Konzernen. Nachdem alle drei Gründer von großen, stolzen und humorfreien deutschen Unternehmen kommen, haben sie inzwischen zu einer neuen Erkenntnis gefunden: »Wir sollten uns nicht allzu ernst nehmen.«

Zumal es nicht nur kleine, sondern auch große Konkurrenten gibt, ernst zu nehmende Konkurrenten. Bisher kennen wir China als Importeur von teuren Mercedes-, BMW- oder Audi-Limousinen. Inzwischen aber will man sich dort von zwei Bindungen freimachen: vom Import der deutschen Hersteller. Und vom Quasimonopol der Verbrennertechnik. Die chinesischen Riesenstädte leiden unter dem Smog der Benzin- und Dieselmotoren noch stärker als westliche Städte. Das wollen sie dort nicht mehr länger hinnehmen. In ihren Großstädten laufen bereits Hunderttausende elektrisch betriebene Roller aus eigener Produktion. Jetzt forschen die chinesischen Autohersteller mit Macht und unter Einsatz von viel Geld an Elektroautos. Spezifische Kenntnisse kaufen sie sich im Westen dazu. Zum Beispiel mit der Übernahme des deutschen Spezialisten im Roboterbau, der Firma Kuka. Oder mit der Übernahme von Volvo durch die chinesische Geely Holding. Oder auch mit einem großen chinesischen Aktienanteil an Mercedes-Benz.

»China ist in vielen Bereichen der Elektromobilität weiter, als manche glauben«, sagt Thomas Ulbrich, VW-Vorstand für elektrischen Antrieb. Zum Beispiel werde das chinesische Autobahnnetz so ausgebaut, dass man alle fünfzig Kilometer Ladestationen anbieten könne, auch Schnellladestationen. In China fördere der Staat mit gesetzlichen Maßnahmen den Ausbau der elektrischen Mobilität. Vergleichbares ist auf deutschen städtischen Straßen oder Autobahnen nicht in Sicht, und das, obwohl die deutschen Hersteller inzwischen erkannt haben, dass sie jetzt in die Elektrizität investieren müssen, wenn sie ihren Status als führende Unternehmen nicht verlieren wollen. Die Konkurrenz aus China und den USA ist ihnen weit voraus. Selbst die Bundesregierung, die gerne ihre schützenden Hände über die deutschen Hersteller hält, wird ihnen nicht dabei helfen können, diesen Vorsprung wettzumachen. Gegen den Markt kann die Politik auf Dauer nichts ausrichten.

Sie haben manchmal kindlich anmutende Namen: die chinesischen Autoproduzenten. So wie BYD, ein Kürzel für »Build your dream«, auf Deutsch »Bau deinen Traum«. Aus der vor ein paar Jahren gegründeten Garagenfirma ist inzwischen ein großes Unternehmen geworden, das voll auf die Elektrifizierung setzt. In der Großstadt Shenzhen steht die BYD-Batteriefabrik. 100 000 Batterien für Autoantriebe entstehen täglich. Hergestellt von knapp fünfzig Arbeitern. China klotzt ran. In ein paar Jahren sollen zwanzig Prozent aller Fahrzeuge elektrisch fahren. Die Rettung der Umwelt wird als Grund genannt. Andere sagen, es gehe China um die industrielle Vorreiterrolle. Man wolle sich unabhängig machen von den Ausländern und ihnen im nächsten Schritt elektrische chinesische Autos verkaufen.

Da ist also einerseits der Druck, den neue, kleinere und große Konkurrenten auf die deutsche Schlüsselindustrie ausüben. Andererseits, selbst wenn die träge deutsche Autoindustrie es schafft, sich umzustellen, selbst wenn sie nach der Corona-Krise wieder nennenswerte Stückzahlen verkaufen kann, sind Folgen für die Beschäftigungszahlen unausweichlich. Denn mit dem Umsatteln auf Elektromobilität verändert sich auch der Produktionsprozess. Das trifft die Hersteller, die Autofabriken, als Erste. Es ist kein Zufall, dass sich so viele kleine Start-ups am Autobau mit elektrischem Antrieb versuchen. Wenn der Benzin- oder Dieselmotor wegfällt, wird der Fahrzeugbau einfacher. Hier einige Zahlen zur Verdeutlichung: Ein Verbrennungsmotor besteht aus 1200 Teilen, der Elektromotor dagegen aus nur etwa 200. Die Montage eines Elektroautos dauert fünfzehn Stunden. Für ein Fahrzeug mit Benzinmotor benötigt man zwanzig Stunden. Der technische Aufwand sinkt und erst recht der Personalbedarf. Gleichzeitig nimmt die Automatisierung in den Hallen zu. Das wird viele Arbeitsplätze kosten. Die Firmen mögen das mit einer brutalen Personalpolitik irgendwie schaffen. Für die Arbeiter wird es bedrohlich.

Wir kennen die Folgen einzelner Werksschließungen für eine Region. Die Schließung des Opel-Werks Bochum stürzte die ganze Stadt in die Krise. Da ging es aber »nur« um ein paar Tausend Arbeitsplätze. Bei der Umstellung auf die Elektrifizierung bei gleichzeitigem beschleunigtem Vormarsch der Roboter in der Produktion wird die Wirkung stärker sein. Sie betrifft nicht irgendeine Fabrik. Es geht um die Branche insgesamt. Bei uns in Deutschland und weltweit. Nicht von einem Tag auf den anderen, aber spürbar im Verlauf einiger Jahre. Die Hersteller können künftig den Personalbedarf senken, ohne den Ausstoß herunterfahren zu müssen. Sie können weiterhin gut verdienen bei sinkenden Personalkosten.

Von den Veränderungen betroffen sind aber nicht nur die eigentlichen Hersteller des Endprodukts Auto. Zu der Branche Fahrzeugbau gehören viele andere Betriebe, ohne die es das Auto nicht gäbe. Es geht um jene Zulieferer, die bisher Teile und Komponenten herstellen, die man nur bei Benzin- oder Dieselmotoren benötigt. Eine kleine Auswahl: Es gibt Spezialbetriebe, die Kolben herstellen oder Zylinder und Zylinderköpfe, Nockenwellen, Schaltungen und Getriebe, Anlasser, Katalysatoren, Einspritzsysteme, Abgasreinigungssysteme, Schalldämpfer, Benzintanks und Auspuffanlagen. All das wird in absehbarer Zeit nur noch fürs Museum taugen. Dahinter stehen große, namhafte Betriebe mit insgesamt Hunderttausenden Menschen, deren Jobs durch den Wechsel zur Elektromobilität gefährdet sind. Spezialisierte Unternehmen mit langer Tradition, mit Fachwissen, mit Patenten. Die Chefs in diesen Betrieben denken vermutlich bereits darüber nach, was man künftig herstellen könnte. Denn als Zulieferer für Benzinmotoren wird man in der Fahrzeugindustrie der Zukunft nicht gebraucht. Die Bundesregierung will bis 2030 etwa zehn Millionen Elektrofahrzeuge auf den Straßen haben. Was aber wird dann aus den vielen Beschäftigten der Zuliefererbetriebe? Allein beim größten Zulieferbetrieb der Welt, dem Unternehmen Bosch, hängen 30 000 Arbeitsplätze am Verbrennungsmotor. Eine Studie der Nationalen Plattform Zukunft der Mobilität (NPM), die im Auftrag der Bundesregierung erstellt wurde, spricht von mehr als 400 000

Arbeitsplätzen, die bis zum Ende des Jahrzehnts wegfallen könnten. Die Studie wurde vor Corona erstellt. Die tatsächliche Entwicklung könnte also noch um einiges drastischer ausfallen.

Als gäbe es nicht schon genug der Herausforderungen, ist da auch noch die protektionistische Politik der USA. Ernsthafte Konkurrenz für die Deutschen können die Fahrzeuge amerikanischer Hersteller nicht sein. Qualitativ können sie nicht mithalten. In Zeiten, da in den USA das Benzinsparen nicht angesagt ist, finden die schweren Pick-ups mit den durstigen Motoren immer noch viele einheimische Käufer. Sie sind billig hergestellt und werden billig verkauft. Aber sie lassen sich nicht exportieren. Anspruchsvollere Amerikaner greifen ohnehin nach europäischen und asiatischen, im Premiumbereich vor allem nach deutschen Autos. Die sind teurer. Aber die deutsche Qualität ist es den Kunden wert. Der Gedanke, man könne diese Autos durch höhere Zollschranken von den Kunden fernhalten, ist abenteuerlich. Nicht minder abenteuerlich ist einer der politischen Vorwände, nämlich deutsche Autos stellten für die USA »ein Sicherheitsrisiko« dar. Welches Risiko? Bleibt die ernsthafte Drohung, deutsche Produkte um jeden Preis vom amerikanischen Markt fernhalten zu wollen. Sie ist für eine exportorientierte Industrie wie die deutsche ein permanenter Unsicherheitsfaktor.

Gleichzeitig entsteht ein für alle vom Auto abhängigen Hersteller, Händler und Servicebetriebe ganz neues, bisher unbekanntes Problem. Stichwort: Sharing Mobility. Früher wollten alle jungen Menschen, insbesondere der männliche Teil der Jugend, möglichst früh den Führerschein und möglichst bald ein vom ersten verdienten Geld angeschafftes Auto. Das hat sich geändert. Anfangs betraf die Automüdigkeit nur die akademische Jugend, die in städtischen Wohngemeinschaften lebt. Inzwischen denken immer mehr junge Menschen so. Das verdeutlicht die Fridays-for-Future-Bewegung.

Die Städte erleben derzeit einen enormen Zuzug, es wird immer voller und enger. Immer weniger Menschen wollen auf dem Land leben. Die Städte reagieren auf diesen Trend, indem sie Tram-, U-Bahn- und S-Bahn-Netze weiter ausbauen. Auch das Fahrrad gewinnt an Bedeutung. Es erobert sich seinen Platz auf den Straßen. Das elektrifizierte Fahrrad ist selbst für die Menschen attraktiv, die sich sonst nicht auf einen Sattel setzen würden. Früher (etwa in den Sechzigerjahren des vergangenen Jahrhunderts) hatte das Auto in den Städten Vorfahrt. Man schlug ihm breite Schneisen, baute ihm Hochstraßen und Parkhäuser, schickte Menschen in den städtischen Untergrund. Wie hieß damals das Ziel der Städteplaner? Autogerechte Stadt! Das hat sich grundlegend geändert. Städte planen für das Fahrrad und die Radfahrer. Sie legen Radwege und abgeteilte Radstreifen auf den Straßen an. Das Auto wird auf Tempo 30 reduziert, ausgesperrt oder zum Teil nur noch gegen Zahlung einer Maut in die Stadt gelassen. Manche Städter können sich den Pkw innerhalb ihrer Stadtgrenzen schlicht nicht mehr leisten. Manche finden keinen Abstellplatz. Andere benötigen einfach kein Auto.

Schließlich wird das Auto – jedenfalls das mit Benzin- oder Dieselmotor – zunehmend politisch bekämpft. Abgase machen krank. Feinstaubbelastung oder Kohlendioxid belasten die Umwelt. Immer weniger Menschen sind bereit, das widerspruchslos hinzunehmen. Die deutschen Hersteller mögen sich schwertun mit der Wende, blind sind sie jedoch nicht. Die Erkenntnis, dass ihnen der Niedergang droht, macht überraschende Bündnisse möglich. Bisher waren Mercedes und BMW harte Konkurrenten. Aber da tut sich was – und wenn die sich abzeichnende Entwicklung erfolgreich sein wird, dann werden bald schon aus Konkurrenten nicht gerade Freunde, aber doch Partner geworden sein. Beschlossen ist bereits die Partnerschaft der bisher getrennten Mobilitätsdienste von BMW und Mercedes wie DriveNow, car2go und mytaxi. Man nennt sich jetzt Share Now und bündelt so sechzig Millionen Kontakte. Eine weltweite Marktführerschaft wird angedacht. Es kommentiert der BMW-Chef: »Gemeinsam sind wir stärker.«

Auch andere Konkurrenten finden sich in neuen Partnerschaften zusammen: Volkswagen und Ford. Sie vereinbarten eine weitreichende Kooperation beim Bau von elektrisch angetriebenen Fahrzeugen. VW stellt seinen sogenannten Elektrobaukasten zur Verfügung, Ford holt den deutschen Partner bei seinem Roboterfahrzeug Argo AI mit an Bord. Die Verpartnerung zwischen so großen Konzernen ist ungewöhnlich und lässt Rückschlüsse zu auf den Druck, der in den Führungsetagen gespürt wird.

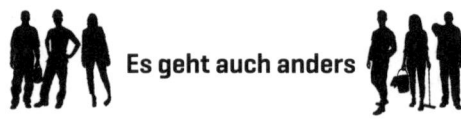

»ES GILT AUCH IN UNSERER BRANCHE: SURVIVAL OF THE FITTEST!«

ANTJE VON DEWITZ GIBT NACHHILFE IN ZUKUNFTSFÄHIGEM WIRTSCHAFTEN

Aber auch für umkämpfte Branchen gibt es eine Zukunft. Selbst eine Jahrhundertkrise wie die durch Corona ausgelöste kann bewältigt werden, selbst heftige technologische Umbrüche oder veränderte Käufergewohnheiten können aufgefangen und positiv umgesetzt werden. Voraussetzung dafür sind ein waches Management und eine gute Führung der Mitarbeiter. Wie bei diesem Beispiel:

Persönlich kennengelernt habe ich sie in einer Klosterkirche. Der Kirchenpräsident der Evangelischen Kirche von Hessen-Nassau, Volker Jung, hatte in das Frankfurter Dominikaner-kloster eingeladen. »Was Leben erfolgreich macht« lautete der Titel ihres Vortrags. Referentin ist Antje von Dewitz – eine blonde, sportliche Frau im hellen Kleid, keineswegs in Outdoor-klamotten (also keine lebende Werbefigur ihres Unternehmens), aber auch nicht im Managerkostüm. Sie erreicht das überwiegend evangelische, gläubige Publikum durch ihre Nähe und Authentizität. In klaren Worten spricht sie über ihre Ziele und Aufgaben. Als konventionelle Chefin, als Unternehmerin, als Managerin würde man sie in einer ZDF-Vorabendserie eher nicht besetzen. Das spricht für sie. Und gegen meine Vorurteile.

Dr. Antje von Dewitz führt den deutschen Outdoorhersteller VAUDE. Das Unternehmen gehört ihr. Die Initialen ihres Nachnamens, v. D., laut ausgesprochen, ergeben Vaude. Das ist ihrem Vater eingefallen, der die Firma vor fast fünfzig Jahren gründete, in der Nähe des Bodensees, im schwäbischen Tettnang. Da ist die heutige Chefin des Unternehmens aufgewachsen, mit dem norddeutschen Vornamen Antje und auch sonst erkennbar eine, wie sie sagt, »Neigschmeckte«, eine Zugezogene. Das machte es ihr im Süden des Landes, auf der Schule und in der Nachbarschaft, nicht leicht. Der Vater fing 1974 mit der Produktion von Rucksäcken und Zelten an, damals, als man den Begriff Outdoor noch nicht kannte. Er fuhr einen roten Porsche und gab sich auch sonst als Unternehmer und Bestimmer zu erkennen. Ihr Ding war das schon damals nicht.

Seit 2009 führt sie VAUDE als Geschäftsführerin ganz allein, der Vater hat über die Jahre losgelassen und abgegeben. Inzwischen ist sie seit mehr als zehn Jahren als Chefin anerkannt und sogar bewundert. Als habe man es von Anfang an gewusst, dass sie das kann: ein großes Unternehmen führen, eine kleine Marke zu einer großen machen. Aber als Antje von Dewitz darüber spricht, was für sie ein erfolgreiches Leben ausmacht, nennt sie zuerst einmal ihre Aufgaben als Mutter von vier Kindern. Das ist ihr wichtig. Und das Zusammensein mit ihrem Partner. Ohne ihn und seine Unterstützung könnte sie weder der Familie genügend Zeit widmen noch das Unternehmen erfolgreich führen.

Unterstützung und Standhaftigkeit benötigt sie in der Corona-Krise. Da kamen unerwartete Herausforderungen auf sie zu. Gleich zu Beginn, im März 2020, machen zwei ihrer zwanzig wichtigsten Händler dicht. McTrek meldet Insolvenz an, Kaufhof Karstadt begibt sich unter ein Schutzschirmverfahren. Die Forderungsausfälle übernimmt ihre Versicherung. Aber die Händler waren wichtig und werden fehlen. Und noch ein Problem: Unter den Zulieferern aus Fernost gibt es Insolvenzen. Die Lieferkette droht zu reißen. Im *Spiegel* berichtet Antje von Dewitz von einer weiteren unerfreulichen Entwicklung. Das billig gewordene Öl macht die Herstellung konventioneller Outdoorprodukte billiger. Es wächst der Preisabstand zu den VAUDE-Produkten, die ohne den Einsatz von Erdöl entstehen. Ob sich das bei den Käufern auswirken wird? Jedenfalls rechnet die Chefin für das Jahr 2020 beim Umsatz mit einem Einnahmeverlust von etwa zehn Prozent im Vergleich zu 2019 (und das war auch schon ein schwieriges Jahr). Das muss sie erst einmal verdauen.

VAUDE gilt als Vorzeigebetrieb. Aber das kann ein gefährliches Prädikat sein in einer Branche, die viele Jahre des stetigen Wachstums hinter sich hat und inzwischen an ihre Grenzen gestoßen ist. Es gibt hungrige Konkurrenten, deren Controllern das Prädikat »Vorzeigebetrieb« nichts gilt. Manch anderer ist schon vor der Corona-Krise ins Straucheln geraten und musste mit Geld von außen gerettet werden: Jack Wolfskin zum Beispiel. Auch berühmte Namen wie North Face oder Patagonia spüren, dass der Markt übersättigt ist. VAUDE hat sich nie auf den Massenmarkt eingelassen, ist also in Krisenzeiten auch nicht so schnell in Schieflage zu bringen. In aller Ruhe stellt Antje von Dewitz fest: »Es gibt da draußen größere Krisen als Corona, den Klimawandel und das Artensterben etwa.«

Anfangs wollte VAUDE, wie alle anderen Outdoorhersteller auch, mit seinen Jacken und Hosen zeigen, was heutzutage alles geht: wasserdicht sollten sie sein, atmungsaktiv, pflegeleicht. Und das waren sie dann auch. Aber als die Debatte um die Nachhaltigkeit der Stoffe begann oder um den Einsatz von Chemikalien bei der Imprägnierung, um die Belastung der Arbeiterinnen und Arbeiter oder sogar der Verkäufer, da wurde es ernst. Zum Beispiel als Greenpeace das Unternehmen öffentlichkeitswirksam anprangerte: »Wir machten damals drei Schritte vor, dann einen zurück, dann einen zur Seite und all das war vor allem teuer«, erinnert sich die Chefin. Inzwischen sind die Produkte zu fast hundert Prozent clean. Deswegen auch teurer. Aber »sie ist die Einzige, die das so konsequent lebt«. Sagt der Sportexperte Philipp Prechtl, ein Unternehmensberater. »Sie schafft es sehr gut, sich zu differenzieren.«

Dann sind da die sich wandelnden Vertriebswege. Händler schließen sich zusammen und wollen an der Preisschraube drehen. Onlinehändler verlangen ihren Wegzoll, VAUDE nutzt Amazon und verärgert damit große Händler wie Globetrotter. Gratwanderungen! Während Antje von Dewitz gerne über ihre Produkte und ihre Produktion spricht, schweigt sie eisern zu den Unternehmenszahlen. Also weiß man nichts Genaues, aber es sollen 2019 knapp unter hundert Millionen Euro Umsatz gewesen sein, Gewinnmarge unbekannt. Antje von Dewitz sagt: »Es gilt auch in unserer Branche: Survival of the fittest!«

Etwa 500 Menschen arbeiten bei VAUDE in Obereisenbach, einem dörflichen Ortsteil von Tettnang. Grüne hügelige Landschaft, der Bodensee in Sichtweite. Wenn man das Landleben liebt, ist man hier richtig und sagt: Wie idyllisch! Wer städtische Vielfalt sucht, wird hier trübsinnig und denkt: Oh je! Um Leute zu finden, zu halten, zu motivieren, lässt sich Antje von Dewitz etwas einfallen. Zum Beispiel arbeitet die Hälfte der Mitarbeiterinnen und Mitarbeiter Teilzeit. Mobiles Arbeiten und Homeoffice wurden schon vor der Krise gefördert, bevor alle anderen auch auf den Zug aufspringen wollten. Es gibt einen Betriebskindergarten. Eine Kantine, die auf Bio setzt. Immer wieder wird berichtet, wie gut das Klima im Betrieb und wie groß die Identifikation sei. Man sei stolz, bei VAUDE zu arbeiten.

So weit ist das alles noch mehrheitsfähig. Bei ihrem Engagement für Geflüchtete war das nicht so sicher. Als 2015 die Menschen aus Syrien und anderen Ländern nach Deutschland kamen, ahnte sie, was daraus werden könnte: »Ich habe schnell gedacht, dass das eine Aufgabe wird, die die Gesellschaft strapazieren und spalten kann.« Aber Antje von Dewitz scheute nicht den Widerstand im Betrieb und im Ort. Sie sprach mit den Mitarbeitern, um Verständnis und Hilfsbereitschaft zu wecken. Und sie lud zu einem Tag der offenen Tür ein. Die Einladung galt für die Nachbarn und die Neuankömmlinge. »Ich wollte den Menschen zeigen, wie bei uns ein Unternehmen aussieht.«

Heute arbeiten etwa ein Dutzend Geflüchtete bei VAUDE. Nicht alle, die kamen, sind geblieben. Aber die meisten sind integriert. Im firmeneigenen Intranet haben sie ihre Erlebnisse geschildert. Antje von Dewitz fände es unsinnig, diese Menschen zurückzuschicken, zumal es so schwierig ist, geeignetes Personal zu finden. Das hat sie so auch schon zu Papier gebracht und der Bundeskanzlerin geschrieben. Sie dachte, das würde der gefallen. Aber es kam keine Antwort.

VAUDE ist unter Antje von Dewitz anders geworden: Man arbeitet mit der Onlineplattform i-fix-it zusammen. Da wird gezeigt, wie VAUDE-Produkte repariert werden können. Bei eBay fördert man den Second Use Shop, wo gebrauchte VAUDE-Sachen neue Besitzer finden. Schließlich gibt es einen Mietservice, über den man Zelte, Packtaschen oder Rucksäcke für ein paar Tage mieten und danach zurückschicken kann.

Antje von Dewitz trägt den Verdienstorden des Landes Baden-Württemberg, sie wurde in die vom *Handelsblatt* ausgelobte Hall of Fame der Familienunternehmen aufgenommen. Sie wurde im Jahr 2018 zum Brand Manager of the Year ernannt. Und da sind noch viele andere Ehrungen. Ist ihr das wichtig? Vermutlich nicht.

YOU ARE MY HERO

AUSBEUTUNG STATT TOPJOB

Erstaunlich, wo heute überall Helden arbeiten: Lieferhelden, Eventhelden, Telefonhelden, Alltagshelden, Businesshelden. So werden sie gerufen. Tatsächlich sind sie Sklaven. Je übler die Versuche, Menschen und ihre Arbeitskraft auszubeuten, umso stärker verschleiert die Sprache die Wirklichkeit. In der Corona-Krise wurden Pflegerinnen und Pfleger zu Helden ernannt, auch die Kassiererinnen im Supermarkt. Das Lob war wohlfeil, weil es keineswegs zu einer angemessenen Entlohnung führte.

Vieles in dieser neuen Welt der Arbeit wird englisch formuliert. Auch weil die Kommunikation weltweit stattfinden soll. Weil Englisch die Sprache der Ökonomie ist. Vor allem aber geht's um das Wichtigmachen. Wörter sollen die Wahrheit verkleistern. Man will hinter englischem Wohlklang verstecken, dass es um anstrengende und manchmal demütigende Arbeit geht. Für eine Bezahlung, die unter dem gesetzlichen Mindestlohn liegt. Der Trick: Mindestlohn bekommen angestellte Arbeitnehmer. Die scheinbar Selbstständigen sind keine Arbeitnehmer und haben keine Rechte.

Beispiele gefällig? Microjob. Klingt cool. Meint aber: Du bekommst nur kleinste Centbeträge pro Auftrag. Wenn du fleißig bist, summieren die sich auf ein paar Euro am Tag. Vielleicht. Vielleicht auch nicht. Und natürlich ohne Garantie, dass du auch morgen noch gebraucht wirst. Eine andere wunderbare Wortschöpfung: Clickworker. Mit ein paar Klicks auf dem Smartphone Geld verdienen. Wie schön. Ein Smartphone hat doch jeder. Aber was kommt dabei raus? Einstellige Beträge bei ganztägiger Arbeit. So wenig! Beschämend wenig!

Das mit der Schönfärberei betrifft auch die Anbieter. Sie geben sich wohlklingende Namen, um die Ausbeuterei zu kaschieren. Hier eine Auswahl der sogenannten Plattformen, die Kunden und Jobber zusammenführen und dabei gutes Geld machen: AppJobber, CrowdFlower, Crowd Guru, StreetSpotr, aber auch Mechanical Turk von Amazon. Ja, auch Amazon, der gigantische Handelskonzern, ist mit dabei, wenn es gilt, Arbeitskraft auszubeuten und dafür kleinste Beträge zu zahlen.

Zunächst einmal ein Blick in die Vergangenheit: Vor vielen Jahren, auf den altmodischen Marktplätzen oder in den Vergnügungsparks des 19. Jahrhunderts, gab es Marktstände, die einen automatischen Schachspieler anpriesen. Den sogenannten mechanischen Türken, den Mechanical Turk. Gegen diese »Maschine« sollten die Besucher beim Blitzschach antreten und versuchen, sie zu bezwingen. Dafür zahlten sie Geld. Wenn sie verloren, war das Geld weg, beim Sieg bekamen sie eine Belohnung. Was die Menschen nicht wussten und nicht wissen sollten: Sie spielten gar nicht gegen einen Automaten. Hinter der Abdeckung verbarg sich ein Mensch. Einer, der das Schachspiel gut beherrschte. Sein trauriger und schlecht bezahlter Job war es, versteckt, gebeugt und im Dunkeln den Roboter zu mimen. Dabei durfte er nicht zu oft verlieren, sonst war er den Job los. Damals eine Jahrmarktsattraktion, wie die Geisterbahn, die Monströsitätenschau, die exotischen Tiere.

Jetzt ist sie wieder da, diese Bezeichnung – auferstanden von den Jahrmärkten des 19. Jahrhunderts. Mechanical Turk nennt sich die Arbeitsvermittlungsplattform von Amazon in ziemlicher Unverfrorenheit. Wer da mitmacht, wird zum »Turker«. Es sind sehr viele Menschen, schätzungsweise 500 000, die weltweit und rund um die Uhr diese allereinfachsten, teilweise sinnfreien, teilweise demütigenden Jobs annehmen. Die einzig erforderliche Voraussetzung ist der Zugang zu einem Computer, dem Internet oder einem Smartphone.

Auch hier treffen wir auf das typische Schönreden der Ausbeuter: Für Amazon ist das Arbeit, die menschliche Intelligenz erfordere. In einem Anfall von Selbstironie spricht Amazon an einer Stelle sogar von »künstlicher künstlicher Intelligenz«. Denn da wird von Menschen erwartet, dass sie sich für billigstes Geld verdingen, um halb mechanisch Arbeiten zu erledigen, für die echte künstliche Intelligenz zu aufwendig oder zu teuer wäre. So weit sind wir also: Erst kommt die künstliche Intelligenz, danach erst der Mensch.

Diese simple und nervtötende Leistung können externe Kunden in Auftrag geben, jederzeit, an sieben Tagen in der Woche, 24 Stunden, überall. Denn nicht Amazon wird zum Arbeitgeber, wenn man beim Mechanical Turk anheuert. Nein, es gibt Kunden, die irgendwo in der Welt sitzen und anonym Aufträge ausschreiben; Amazon fungiert lediglich als Vermittler. Könnten sich die Jobber von Mechanical Turk auf Amazon berufen, hätte das einige juristische und arbeitsrechtliche Folgen. Es könnten einige unangenehme Fragen gestellt werden. Das will Amazon unter allen Umständen vermeiden, weshalb es nur als Betreiber einer Plattform auftritt.

Um Werbesprüche gegenüber potentiellen Kunden ist man nicht verlegen: »MTurk« (so nennt sich die Plattform) liefert menschliche Intelligenz »einfach, skalierbar und kostengünstig«. Als mögliche Beispiele werden aufgezählt: Dubletten in Texten finden, Objekte auf Satellitenbildern identifizieren, Telefonnummern und Web-Adressen Firmennamen zuordnen. Und das alles, ohne die Mitarbeiter der Kunden mit so einem Kram (Formulierung von mir) zu belasten. Vor allem aber (Stichwort kostengünstig) werden lächerliche Honorare gezahlt.

Einige amerikanische Amazon-Turker haben begründet, warum sie sich trotz allem auf diese Arbeiten einlassen: »Ich bin alleinerziehend mit vier Kindern in drei verschiedenen Schulen. Traditionelle Arbeitsplätze passen derzeit nicht zu meinen Bedürfnissen.« – »So kann ich mit meiner Tochter zu Hause bleiben und habe keine Ausgaben für Kinderbetreuung.« – »Ich brauche das Geld und ich muss zu Hause erreichbar sein. Meine Mutter ist an Krebs erkrankt und hat einen Hund, der versorgt werden muss. Mir ist es lieber, in ihren letzten Jahren da zu sein, wenn sie mich braucht.« – Und schließlich: »Ich arbeite auf Mechanical Turk, weil ich unter Depression und Angstzuständen leide. Hier muss ich nicht mit anderen in der realen Welt kommunizieren.«

Die Journalistin Laura Meschede hat sich als Interessentin bei Amazon Turk gemeldet. Im *Süddeutsche Zeitung Magazin* berichtet sie von ihren Jobs. Zum Beispiel: Kassenzettel abtippen (bringt drei US-Cent pro Kassenzettel). Oder aus einem Auto aufgenommene Videos betrachten und markieren, wenn ein Mensch auf der Fahrbahn zu sehen ist. Ihr erschließt sich nicht, was sie da tut und warum. Sie gehört zu der so beworbenen »elastic workforce«, die billiger ist als ein Roboter und die über Sinn und Zweck der Tätigkeiten nicht nachdenken soll.

Die Turks lernen sich nicht kennen, sie sollen das auch nicht, es soll keine Gemeinschaft entstehen. Es gibt Fulltime-Arbeiter, die meisten von ihnen in Indien, die mit den geringen Beträgen ihren Lebensunterhalt verdienen müssen. Für jene, die sich in Europa anmelden, geht es eher um ein Zubrot, denn zum Leben reichen die gezahlten Beträge hier niemals. Es ist halt ein Job ohne jede Sicherheit. Manchmal, berichtet die Autorin, wird sie abgelehnt, ohne dass sie erfährt, warum. Vielleicht will ihr ein Zufallsgenerator nur klarmachen, dass sie verzichtbar ist. Das soll sie antreiben. Wenn ihr Internet ausfällt, ist der Job ebenfalls weg. Wenn sie krank werden sollte, verdient sie nichts. Es ist eine moderne Tagelöhnerexistenz.

Bleiben wir bei Amazon. Nicht weil der Gründer und Chef Jeff Bezos der reichste Mann der Welt ist. Sondern weil sein Prinzip so allgemeingültig und übertragbar ist. Ursprünglich waren es die Bücher, die Amazon in den USA zum Spottpreis verschickte, schneller, als mancher Buchhändler nachbestellen konnte, und vor allem billiger. Kein Wunder, dass es nur noch wenige Buchhandlungen in den USA gibt. Die beiden größten Buchhandelsketten, Borders und Barnes & Noble, wurden von Amazon in den Ruin getrieben. In Deutschland schützt bis heute eine gesetzliche Preisbindung die Buchhändler.

Mit Büchern fing es an, aber dann weitete sich der Geschäftsbereich aus. Ich erinnere mich: Ich muss ziemlich blöd geguckt haben, als mir eine Kollegin erzählte, sie habe ihre neue Waschmaschine bei Amazon gekauft. Zu »einem super Preis«. Und »ohne Fracht«. Amazon? Waschmaschine? Inzwischen weiß ich es, jeder weiß es, viele machen es: Sie suchen und finden fast alles, was transportierbar ist, bei Amazon. Zum »super Preis«. Und wenn so eine Waschmaschine zum Beispiel beim Media Markt teurer ausgepreist ist, muss man dort nur den Mund öffnen und »A…« sagen, dann eilt der Verkäufer zum nächsten Terminal, klickt ein bisschen herum und bestätigt eilfertig: Diesen Preis, äh, den können wir auch! Amazon macht alles. Und probiert alles. Um jeden Preis. Auch um den Preis, Branchen, Händler und den Arbeitsmarkt zu zerstören. Das ist Amazon egal.

Bisher wurden die bei Amazon bestellten Waren von professionellen Transportunternehmen geliefert, in Deutschland überwiegend DHL (also die Post) oder Hermes (aus dem Otto-Imperium). Es muss die Manager im Amazon-Imperium schon lange geärgert haben, dass sie beim Ausliefern auf Dritte angewiesen sind. Und dass sie denen Geld für den Transport zahlen mussten. Das war eine Abhängigkeit, die Amazon gar nicht gefiel. Ein klassischer Unternehmer hätte einen eigenen Fuhrpark aufgebaut. So wie die deutsche Unternehmerfamilie Otto sich Hermes geschaffen hat, um eigene und fremde Pakete auszuliefern.

Es ist bezeichnend für Amazon, dass es bei denen anders läuft, fast ohne Kapitaleinsatz, mit der Verlagerung der Firmenstruktur auf Dritte und dem Abwälzen der körperlichen Arbeit auf Freelancer, um im schönfärberischen Plattformsprech zu bleiben. Schon 2015 begann Bezos in den USA mit der Etablierung einer Plattform, die sich Amazon Flex nennt. Da können sich Menschen registrieren, sofern sie volljährig sind und über Führerschein sowie Fahrzeug verfügen. Dann dürfen sie für Amazon Lieferungen ausfahren. Auf eigene Rechnung. Zum Wohle des Konzerns. Inzwischen ist Flex ganz flexibel nach Deutschland gekommen. Man sieht sie auf deutschen Straßen: jene ziemlich angejahrten Transporter, die ihre ersten zwanzig Arbeitsjahre bereits hinter sich haben und deren Rostanflug von »Amazon«-Aufklebern übertüncht wird.

Wie sich das für eine digitale Ausbeutungsmaschine gehört, muss die Sklaverei schöngeredet werden. Das klingt auf der Homepage von Amazon Flex so: »Seien Sie Ihr eigener Chef und arbeiten Sie nach Ihrem Zeitplan, um mehr Zeit zu haben, Ihre Ziele und Träume zu verwirklichen …« Wie nett! Nur dürfen diese »Ziele und Träume« nicht allzu hochfliegend sein. Denn man verdient tolle 25 Euro pro Stunde als »eigener Chef!« Das ist nicht viel Geld, denn man muss auch die Schattenseiten als »eigener Chef« akzeptieren, also das Auto zur Verfügung stellen, es volltanken, es versichern, sich selbst versichern. Wenn die Straßen dicht sind? Pech gehabt! Krank geworden? Pech gehabt. Risiken? Die liegen beim »Chef«, also bei dem in Wirklichkeit armen Schwein.

Im Netz finden sich denn auch ausreichend kritische Stimmen. Das scheinbar großzügige Honorar müsse betrachtet werden, nachdem alle Kosten abgezogen seien. Das Ganze ohne Beschäftigungsgarantie. Kein Wunder, dass sich die Gewerkschaft ver.di zu Wort meldete und von der Annahme dieser Jobber-Dienste warnte. Jedoch ohne Erfolg. Immer mehr Menschen auf der Suche nach Jobs greifen zu. Immer mehr Städte werden zum Amazon-Flex-Einzugsgebiet. Immer mehr private Fahrzeuge tauchen auf, die das Amazon-Logo tragen. Herr Bezos hat wieder einmal einen netten Zuverdienst entdeckt.

Er ist der Gewinner. Im Grunde gewinnt er immer. Die Corona-Krise hat Geschäftsmodelle in die Krise gestürzt, Unternehmen zum Stillstand gezwungen, aus Arbeitnehmern Arbeitslose gemacht. Amazon? Ein Krisengewinnler. Der Vorteil dieses digital gesteuerten Geschäftsmodells ließ sich im Lockdown voll ausspielen. Als die von Menschen geführten Läden dichtmachen mussten, wurde der Onlinehändler zum Sieger. Die Nachfrage war so groß, dass er kaum hinterherkam mit den Lieferungen. Und wenn dann in manchem Verteilzentrum gehäuft Corona-Infizierte auftraten, wurde das Problem ganz schnell und heimlich unter den Teppich gekehrt. Amazon ließ sich nicht aufhalten und steht am Ende stärker da denn je.

»Ein Job im Freien, bei dem Du in den Genuss von frischer Luft und moderatem Sport kommst«, sagt Lieferando beim Anwerben neuer Fahrer. In der Szene der Essenslieferdienste hat es in der letzten Zeit harte Verteilungskämpfe gegeben. Gewonnen hat Lieferando (die deutsche Tochter des niederländischen Unternehmens Takeaway), geschluckt wurden die Konkurrenten Lieferheld und Foodora. Inzwischen wurde auch der britische Konkurrent Just Eat übernommen. Das Ziel dieser plattformbasierten Branchen ist es, die Marktbeherrschung zu erreichen und Konkurrenten zu schlucken oder zu vernichten. Harte Sitten.

Es geht bei dieser Dienstleistung um die Lieferung von Restaurantessen, manchmal von durchschnittlicher Qualität, manchmal auch Junkfood. Die Verlierer sind die Fahrerinnen und Fahrer, aber auch die um ihre Existenz kämpfenden kleinen Pizzerien, die von ihren geringen Spannen auch noch etwas für den Lieferdienst abzweigen müssen. Schließlich auch die Kunden, die sich von frechen Werbesprüchen überzeugen lassen (»Ich will mit Dir Penne!«) und die viel Geld für mäßige Qualität ausgeben. Die eigentliche Leistung besteht im Geschäftsmodell und im erfreulichen Gewinn für Manager und Anteilseigner. Über das Produkt, das Essen, sagt Lieferando-Chef Jitse Groen in schöner Offenheit: »Ich denke, der Trend zum gesunden Essen wird überschätzt.« Lieferdienste haben sich zu einer weltweiten Branche ausgewachsen, die im Jahr mehr als hundert Milliarden Dollar umsetzt.

Fahrer von Lieferdiensten beklagen immer wieder, dass sie durch die App, über die sie ihre Lieferaufträge erhalten, vereinzelt werden. Sie wissen nichts über andere Kollegen, wie viel die verdienen, wie deren Vereinbarungen lauten. Aber sie wissen, dass sie bestraft werden können, wenn sie aus welchem Grund auch immer beim Kunden zu spät ankommen, selbst wenn es nicht an ihnen lag, sondern am Verkehr oder weil der Koch zu langsam gekocht hat. Es heißt, Lieferdienste hätten immer mehr potentielle Fahrer auf der Bewerberliste als notwendig. Dann könnten sie die Aufmüpfigen oder allzu Neugierigen ganz einfach aussieben. Auffällig wurde das, als Fahrer anfingen, sich zu wehren. Etwa als sie versuchten, einen Betriebsrat zu gründen. Betriebsrat? Da sehen die Verantwortlichen im Management rot. Fahrer, bei denen die Manager gewerkschaftliche Neigungen vermuten, werden ausgegrenzt, ihre Verträge werden nicht verlängert, sie geben meist resigniert auf. Offiziell beteuern die Unternehmen, dass sie nichts gegen organisierte Arbeitnehmer hätten.

Die Vereinzelung des Mitarbeiters: Das ist einer der gewollten Effekte der Plattformunternehmen. Wer allein ist, kann besser gegängelt werden. Bei diesen Unternehmen ist der Arbeitgeber nicht sichtbar und kaum greifbar. Es gibt keine Ansprechpartner. Einzelne können sich bei Ungerechtigkeit nicht effektiv wehren, sie haben keine Angriffspunkte. So ist es schon außergewöhnlich, dass es 2018 zum ersten bundesweiten Aktionstag der Fahrradlieferanten kam. Ihr Protest richtete sich gegen die Allmacht der anonymen Firmen-App, die sie kontrolliert, überwacht, ihre Fahrzeiten beurteilt und sie sogar bestraft, wenn sie das für angemessen hält. Einige der Fahrer versuchten, sich in der zuständigen Gewerkschaft NGG zu organisieren, aber das Interesse war bei den meisten gering. Die wenigsten von ihnen sind hauptberufliche Fahrer. Sie machen einen vorübergehenden Job und unterwerfen sich dafür dem Diktat der App. Eigentlich ein Modell für den modernen Sklavenstaat. Erstaunlich, dass sich immer wieder junge Frauen und Männer finden, die sich darauf einlassen. Tagsüber studieren sie Politikwissenschaft und lernen, wie eine demokratische Gesellschaft aufgebaut sein sollte, oder sie studieren das Betriebsverfassungsgesetz und wie gut geführte Unternehmen mit ihren Mitarbeitern umzugehen haben. Und abends treten sie an bei autoritär geführten Ausbeuterfirmen, lassen sich herumkommandieren und unterdrücken und arbeiten für einen Hungerlohn. Ist ihnen die Widersprüchlichkeit denn nicht bewusst?

Und dann gibt es da die Leute von Uber. Ihr Geschäftsziel ist die Zerstörung aller konkurrierenden Verkehrssysteme – ob privat oder öffentlich, ob Taxi, Bahn oder Bus – und die Durchsetzung ihres plattformbasierten Systems. Gegenwärtig geht es ihnen noch darum, die Taxis auszustechen und stattdessen billigere Transporte mit Fahrer anzubieten. In Zukunft jedoch will Uber die gesamte städtische Mobilität beherrschen: Busse, Bahnen, Leihfahrräder, Mietwagensysteme, E-Scooter.

Es gehört zur DNA von Uber, dieses etwas mehr als zehn Jahre alten Unternehmens, dass es nach eigener Aussage die Welt besser machen will. Aber ähnlich großspurige Statements geben sie alle von sich, die Facebooks, die Googles, die Amazons. Das wahre Gesicht zeigen sie gegenüber ihren Abhängigen. Dann werden sie zu aggressiven Bossen, zu unangenehmen Managern, zu übergriffigen Unternehmern. Bei Uber zeigt sich das deutlicher als bei den anderen. Vom Mitgründer und zeitweiligen Boss von Uber, Travis Kalanick, stammt der Satz: »Unser Gegner ist ein Arschloch namens Taxi.« So darf also ein Vorstandsvorsitzender sprechen, ohne dass jemand dazwischengeht und sagt: »So nicht. Nicht in unserem Unternehmen.« Herr Kalanick wird von einigen als vorausschauender Unternehmer beschrieben, der für sein Unternehmen brenne. Andere sagen, er sei ein gefährlicher Psychopath. Und sein Unternehmen sei das schlimmste von allen.

In den USA mit seinem unterentwickelten und ausgedünnten öffentlichen Nahverkehrsnetz war Uber schnell erfolgreich. Einige besondere Voraussetzungen mussten erfüllt sein: neue und exakte Navigationssysteme, Bezahlsysteme ohne Bargeld, ein Rufsystem über die spezifische Uber-App auf dem Smartphone und schließlich ein Online-Bewertungssystem für die Fahrt und den Fahrer. Viel investieren musste Uber nicht. Die Fahrer wurden nicht zu Angestellten und die Fahrzeuge mussten nicht erworben werden. Die Autos gehörten und gehören den Fahrern. Manche von ihnen kauften ihre Autos auf Kredit oder per Leasing und kämpften mit den Raten. Als Fahrer für ein paar Stunden am Tag arbeiten, um etwas dazuzuverdienen, oder Tag und Nacht sieben Tage in der Woche, um davon zu leben: das erschien vielen verlockend. Inzwischen sind mehrere Millionen Fahrer weltweit bei Uber registriert. Angeblich verdienen einige von ihnen auch ganz gut. Andere jedoch haben den Kampf gegen die Verschuldung verloren und sitzen brotlos in der Privatinsolvenz. Sicher ist, dass viele draufzahlen, weil sie beim Einstieg in diese Arbeit vergessen, dass sie als

Selbstständige Steuern und eine Krankenversicherung zahlen müssen, und dass sie Rücklagen brauchen für den Fall einer Krise, wie wir sie gerade erleben. Uber kassiert für jede vermittelte Fahrt 25 Prozent vom Fahrpreis und zusätzlich noch eine Gebühr. Vom Rest müssen die Fahrer leben, Steuern zahlen, Benzin zahlen, das Auto in Schuss halten, sich und das Auto versichern. Also alles in allem eine einseitige Erfolgsgeschichte: für die Eigentümer und die Topmanager. Nicht für die Fahrer.

Von Beginn an wurden bei Uber Gesetze und Verordnungen absichtlich ignoriert. Disruption nennen die das überheblich, also Zerstörung der alten Ordnung. Es geht um die Übernahme eines Marktes nach neuen selbst gemachten Regeln. Uber ließ nach diesem Modell einfach die Autos vermitteln und losfahren, wie Taxis, aber ohne Absicherung von Fahrer oder Fahrgast, dafür deutlich billiger. Auch in Deutschland, wo für Taxis Lizenzen und für Taxifahrer Personenbeförderungsscheine erforderlich sind. Das hat Uber alles ignoriert. Dafür wurde das Unternehmen schnell ausgebremst und nach dem Start in Deutschland in die Schranken gewiesen. Ein Taxiservice wurde nicht zugelassen. So gibt es bisher lediglich die sogenannten Uber-Mietwagen mit Fahrer und auch nur in ein paar Großstädten, also nicht vergleichbar mit dem amerikanischen System. Uber ringt immer wieder mit den deutschen Stadtregierungen um volle Zulassung – bislang ohne Erfolg.

Unter den disruptiven Gründern ist Uber-Gründer Travis Kalanick einer der schlimmsten: selbstverliebt und abstoßend. Er hat ignoriert, dass in seinem Unternehmen immer wieder Frauen sexuell belästigt wurden, hat bei Testfahrten seine eigenen Fahrer beleidigt, Politiker bewusst falsch informiert, Spezialisten bei Google abgeworben und ihnen viel Geld versprochen, wenn sie Betriebsinterna mitbringen würden … Als seine Taten nicht mehr verheimlicht werden konnten, hat Uber seinen eigenen Gründer aus der vordersten Reihe genommen und einen möglicherweise vernünftigeren Mann nach vorn geschoben.

Und Herr Kalanick? War zunächst mal beleidigt und hat alle seine Uber-Aktien verkauft. Dann hat er einen neuen Trend entdeckt und sein Geld in sogenannte cloud kitchen investiert, die Einrichtung von Küchen in Industriegebieten, die an Essenslieferdienste wie takeaway oder Lieferando weitervermietet werden können. Kritiker sprechen abfällig von »dark kitchen«. Wieder ein Geschäftsmodell der bekannten Art, bei dem es eher um Zerstörung als um Qualität geht.

Um Uber ist es mittlerweile ruhig geworden – zumal die Corona-Krise das Geschäft behindert hat. Aber hinter den Kulissen wird mit aller Kraft daran gearbeitet, Fahrzeuge auf die Straßen zu bringen, die keine Fahrer mehr benötigen. Autonome Fahrzeuge. Davon verspricht man sich problemloseres Vermitteln von Autos und das Einsparen der Gelder, die die Fahrer für ihre Arbeit bekommen. Die vielen Uber-Fahrer sollten wissen: Ihre prekäre Existenz hat keine Zukunft. Uber wird sie feuern, sobald das technisch möglich ist.

Allerdings ist der Weg in die Autonomie schwierig. Am 18. März 2018, am späten Abend, es ist dunkel, fährt ein der Firma Uber gehörender Volvo, ausgerüstet mit umfangreicher Technik für autonomes Fahren, durch die Stadt Tempe in Arizona. Es ist eine ganz gewöhnliche Erprobungsfahrt, eine von vielen, mit denen Uber Technik ausprobiert und Daten sammelt, um dem Ziel der Autonomie näher zu kommen. Ganz nach der Uber-Devise, auch in diesem Bereich die Nummer 1 zu sein.

In Arizona müssen Fahrzeuge auf Autopilot-Testfahrt von zwei Sicherheitsfahrern begleitet werden. Uber setzt sich darüber hinweg. Wie üblich. Immer wieder stößt man in der Firmengeschichte auf solche frechen und unverhohlenen Regelübertritte. Weil Uber Regeln hasst. Weil das Einhalten von Regeln Geld kostet. So ist auch das Testfahrzeug in diesem Fall mit nur einer Sicherheitsfahrerin besetzt. Sie soll eigentlich während der Fahrt die Fahrbahn beobachten und die Hände am Lenkrad halten. Aber sie ignoriert ihre Pflicht und verfolgt stattdessen während der Fahrt auf ihrem Mobiltelefon eine TV-Show, ihre Hände sind irgendwo, jedenfalls nicht am Lenkrad. Das Fahrzeug erkennt im Dunkeln, dass sich vor ihm auf der Fahrbahn etwas bewegt. Eigentlich müsste es nun automatisch bremsen. Doch wurde dieser Sicherheitsstandard absichtlich ausgeschaltet, da sonst zu oft gebremst würde, wenn nur Plastikfetzen oder sonstiger Müll über die Fahrbahn treiben. Eine weitere Regel außer Kraft. Der dreifache Bruch der Sicherheitsbestimmungen endet in diesem Fall tödlich: Der Uber-Volvo erfasst Elaine Herzberg, die zu Fuß die Fahrbahn überquert und ihr Fahrrad schiebt. Sie wird getötet.

Der tödliche Unfall erregt Aufsehen und weckt Empörung. Uber macht sich klein, taucht erst einmal ab und beendet das Programm. Alle Testfahrer (etwa 600) werden entlassen. Die Familie von Elaine Herzberg erhält eine hohe Entschädigung. Erst wenn der Fall in Vergessenheit geraten ist, wird Uber weitermachen. Vielleicht werden wieder wie üblich Sicherheitsregeln missachtet werden, weil es ja tausendmal gut ging und nur einmal nicht. Jedenfalls wird Uber auf keinen Fall von seinem Ziel ablassen, autonome Autos zu entwickeln, denn die, sagt der ehemalige Chef Travis Kalanick, »sind für Uber existentiell«.

Ich habe mich bei Uber angemeldet. Als Kunde. Um zu sehen, wie die mit einem umgehen. Als Heimatstadt habe ich Berlin angegeben. Daraufhin erhalte ich eine Nachricht. Hier ist sie: »Uber möchte deine Stadt noch besser machen. Deshalb arbeiten wir mit Tausenden von Ortsansässigen zusammen, die dafür sorgen, dass Berlin in Bewegung bleibt. Zusammen kurbeln wir die lokale Wirtschaft an, helfen, durch weniger betrunkene Fahrer die Straßen sicherer zu machen, und schützen unsere Umwelt.«

So eine Mischung aus politischem Stuss und inhaltlichem Blödsinn (»weniger betrunkene Fahrer«, was heißt das denn?) habe ich noch nie gelesen. Und dann geht es weiter im Text: »Vielen Dank, dass du dich bei Uber angemeldet hast! Bevor es losgeht, würden wir dich gerne auf die allgemein geltenden Geschäftsbedingungen des jeweiligen Landes hinweisen, in dem du dich *angelemdet* hast.« Also auch noch Schreibfehler. In einer Anrede per Du, die dann in den folgenden Geschäftsbedingungen zum Sie übergeht.

Nach ein paar Tagen schreibt mir Uber noch einmal, vielleicht weil ich noch nicht zum Kunden geworden bin: »Bei der Entwicklung der Uber App stand deine Sicherheit immer an erster Stelle. Mithilfe von Tools zur Unfallvermeidung und Technologien, mit denen du immer mit uns verbunden bleibst, setzen wir uns für deine Fahrsicherheit ein. So kannst du dich auf das konzentrieren, was wirklich wichtig ist.«

Das ist angesichts der vielen Verstöße, die Uber überall und immer wieder begeht, eine besondere Unverfrorenheit. Aber alles kein Zufall. Vielmehr spiegelt sich die Grundhaltung des Unternehmens Uber darin, alle Regeln zu missachten. Uber ist pure Anarchie, reine Aggression, gepaart mit zynischer Kalkulation. Für eine Handvoll Gewinner. Alle anderen sind die Loser.

Weiten wir den Blick noch einmal auf andere Anbieter der Plattformbranche wie zum Beispiel Helpling. »Über Helpling habe ich endlich eine regelmäßige Reinigungskraft gefunden, der ich vertrauen kann. Die Chemie zwischen uns beiden hat sofort gestimmt. Eugenia arbeitet schnell, effizient und hat immer alles im Blick.«

Behauptet eine Frau aus Charlottenburg. Eins von mehreren teilanonymisierten Testimonials auf der Homepage von Helpling. Wer weiß, ob nicht sowohl Eugenia als auch die Frau aus Charlottenburg Fantasiewesen sind? Denn es ist schwer, sogar eigentlich unmöglich, an echte Menschen zu gelangen, wenn man sich bei Helpling meldet und nachfragt. Ich habe es erlebt. Zuerst: freundliche Abwimmelei am Telefon. Ich habe geschrieben. Vertröstet. Noch mal geschrieben. Schweigen. Niemand da, der was sagen will. Aber so naiv können die doch nicht sein, dass sie durch Schweigen und Abwimmeln eine Berichterstattung verhindern. Über Helpling gibt es manches zu berichten. Auch wenn kein Gespräch zustande kommt.

Helpling bietet nach eigener Auskunft Putzhilfen, die man elektronisch bestellen kann, die haftpflichtversichert sind und die zu einem festen, zuvor vereinbarten Preis arbeiten. Inzwischen wurde das Angebot ausgeweitet: Helplings Arbeiter können angeblich Möbel aufbauen, Hunde betreuen oder im Garten arbeiten. Wer im Namen von Helpling als Arbeitnehmer tätig werden will, muss sich dem Portalbetreiber öffnen: Ohne ausführliche Selbstauskunft geht gar nichts. Und auch hier gilt wie bei all diesen Plattformen: Es werden Menschen auf Provisionsbasis vermittelt. Mit viel Werbetamtam, aber ohne Transparenz.

Helpling gehört als GmbH in das Imperium der Samwer-Brüder. Das sind zwei junge Investoren, die unter dem Namen Rocket Internet eine Reihe von Plattformen betreiben. Übergreifendes Kennzeichen ist: Es wird nichts produziert, sondern es werden Waren gehandelt oder Dienstleistungen vermittelt. Dabei werden erfolgreiche Start-up-Ideen schamlos kopiert. Die neue Ökonomie eben, bei der es darum geht, möglichst viel Profit zu erreichen, ohne selbst allzu viel Erfindungskraft aufzubringen, ohne viel in die Hand nehmen zu müssen und ohne eigene Verantwortlichkeit. Helpling bietet seine Dienste bereits in vielen Ländern dieser Welt an. Dazu gehören die Vereinigten Arabischen Emirate, Frankreich, Großbritannien, Deutschland, nicht aber die USA. Vielleicht liegt es daran, dass viele Ideen der Samwer-Brüder ihren Ursprung in den USA haben und für die anderen Länder einfach – nun ja – nachempfunden werden. Es ist jedenfalls kein Zufall, dass Rocket Internet immer wieder verklagt wurde, immer wieder Niederlagen vor Gericht kassierte und manchmal auch eines seiner Klon-Unternehmen einstellen musste.

Auf der Internetstartseite von Helpling heißt es, man sei bei einem Vergleichstest von Putzportalen Testsieger bei einer Deutschen Gesellschaft für Verbraucherstudien geworden. Die Testfirma ist allerdings bekannt dafür, dass sie sich bezahlen lässt und dass bei ihr fast jeder irgendwann irgendwie zum »Testsieger« wird. Hinzu kommt, dass es beim Putzen nicht allzu viele Mitbewerber gibt; der Markt ist klein. In ihrer Aussagekraft ist diese Testsieger-Auszeichnung somit eher fraglich. Die Stiftung Warentest, die einen seriösen Ruf als Testinstitut besitzt, hat Helpling sowie vier weitere Anbieter von Putzkräften ebenfalls unter die Lupe genommen. Dabei ging es ernsthaft zur Sache. Es wurden Putzfrauen und Putzmänner in Testhaushalte bestellt. Im Fazit der Stiftung Warentest heißt es: »Die Reinigungsleistung hängt stark von der Putzkraft ab. Vor allem wegen rechtlicher Unsicherheiten können wir keines der fünf Vermittlungsportale empfehlen. Der Markt ist aber in Bewegung ...« Der Markt der Plattformen und Vermittler ist tatsächlich kräftig in Bewegung. Kein Wunder, da Vorbilder wie Lieferando, Uber oder eben auch Helpling vorgemacht haben, wie man ohne viel Kapital als Gründer reich werden kann.

Oliver Samwer bezeichnete sich einst als den »aggressivsten Mann im Internet«. Das war ehrlich gemeint und unbefangen formuliert. Zu seinem Imperium gehörten 89 Tochtergesellschaften in ganz Europa, zudem halten die Samwers Anteile an dem erfolgreichen Versandhändler Zalando. Die Herren sind also finanziell ganz gut unterwegs. Zurück zu ihrer Erfindung Helpling. An dem Unternehmen kann man das Grundprinzip der Plattformbranche erkennen. Helpling ist eigentlich eine schnöde Vermittlung von Putzfrauen und Putzmännern. So würden die Manager das nie nennen, aber genau darum geht's. Man zielt auf Kunden, die einen sauberen Haushalt wollen und selber keine Lust oder keine Zeit haben, den Staublappen in die Hand zu nehmen. Das Putzpersonal muss mindestens 24 Stunden vor Auftragsbeginn gebucht werden und kommt auf Wunsch an jedem Tag in der Woche zwischen 8 und 21 Uhr. Der Kunde hat die Putzmittel zu stellen. Helpling verspricht ihm dafür ein ruhiges Gewissen, denn alle Helplinge seien gemeldet, würden also nicht schwarzarbeiten.

Der Plattformbetreiber versteht es, seine Leistung im besten Licht darzustellen. Man ermögliche es vielen Schwarzarbeitern, mit Helpling aus der Illegalität herauszufinden. Man legalisiere Arbeitsverhältnisse. Aber man sei eben auch nur ein Vermittler, der anbietende und nachfragende Menschen zusammenführe. Nein, man sei kein Arbeitgeber!

Der Einsatz bei Helpling kostet die Kunden zwischen elf und fünfzehn Euro pro Stunde. Das Honorar muss an das Portal gezahlt werden. Zwanzig Prozent Provision bleiben bei dem Unternehmen hängen, der Rest geht an die arbeitenden Menschen. Es ist also wie bei allen diesen Plattformfirmen: Wenn der Laden gut läuft, lohnt es sich – für den Betreiber. Das Honorar der Putzmänner und -frauen ist eher bescheiden. Helpling behauptet, dass die Putzkräfte haftpflichtversichert seien, sie müssten allerdings 150 Euro Selbstbehalt übernehmen. Die Putzleute sind Solo-Selbstständige, was gut klingt, aber bedeutet, dass sie nur Geld erhalten, wenn sie arbeiten. Es gibt keinen Zuschuss zu Renten- oder Arbeitslosenversicherung und kein Urlaubsgeld. Wer nicht arbeiten kann – aus welchen Gründen auch immer – hat Pech. Deswegen sind die Arbeitskräfte, wenn sie kein anderes Einkommen haben, ständig unter Druck, jeden angebotenen Job anzunehmen. Sonst sieht es am Monatsende schlecht aus.

Als einfacher Helpling kommt man mit dem verdienten Geld nicht allzu gut über die Runden. Es ist eigentlich ein Job, kein Beruf für eine längere Zeit. Dennoch gibt es Menschen, die das Ganze fulltime machen, einfach weil sie keine Alternative haben. Die Arbeit ist anstrengend, die Kunden sind wie der Querschnitt der Bevölkerung: mal anständig und nett, mal patzig und unverschämt. Sie bewerten »ihre« Helplinge nach dem Einsatz mit einem elektronischen Bewertungssystem. Es sollen Sternchen vergeben werden als Lob oder bei Unzufriedenheit eben auch nicht. Wer hier nach einem Einsatz schlecht bewertet wird, hat zunächst mal ein Problem, weitere Aufträge zu erhalten. Unabhängig davon, wie berechtigt die Kundenbeschwerde gewesen sein mag.

Früher galt es als Merkmal feudaler Haushalte: das Personal, das »die Herrschaften« zu umsorgen hatte. Da gab es einen Chauffeur, einen Gärtner, eine Haushälterin mit einigen untergebenen Hilfskräften und vielleicht – besonders exklusiv – einen Butler. Man kennt das etwa aus populären Fernsehserien. Der britische Sender ITV sendete 2010 die erste Staffel der Serie *Downton Abbey*. Eine aufwendig produzierte Abfolge von Geschehnissen, Episoden und menschlichen Dramen aus einem in der Grafschaft Yorkshire angesiedelten Familiensitz zu Beginn des 20. Jahrhunderts. Aber *Downton Abbey* präsentiert keineswegs nur Freud und Leid der besseren Herrschaften. Den Erfolg der Serie begründete vor allem der Blick auf das Personal – vom Butler bis zum Küchenmädchen –, eine Truppe unterschiedlichster Helfer, deren Geschicke und Schicksale sorgfältig ausgeleuchtet werden. Die Serie erlebte sechs Staffeln, war weltweit erfolgreich und erreichte 2011 einen Eintrag ins *Guinness-Buch der Rekorde* als von Kritikern am besten bewertete TV-Serie des Jahres. Das Biotop der unterschiedlichen Helfer und Diener faszinierte die Zuschauer weltweit. Es war so schön nostalgisch, zuzusehen, was die da unten treiben – und ein bisschen Klassenkampf kam am Rande auch vor.

Diese Welt der Diener, Helfer, Butler und Zofen erlebt (wenn auch zum Teil unter moderneren Berufsbezeichnungen) gerade eine Auferstehung. Es gehört zu den Besonderheiten unserer durchgetakteten und fremdbestimmten Gegenwart, dass die helfenden und dienenden Berufe wieder gefragt sind. In einer Zeit, in der berufstätige Frauen und Männer, als Paar oder als Single, der Arbeit immer mehr Zeit im Leben einräumen, wächst die Nachfrage nach helfenden Händen. Da geht es um die klassische Putzfrau (siehe Helpling), aber auch um den Lieferservice der Restaurants oder der Lebensmittelhändler, die Kinderfrau, den Boten mit den Paketen der Internethändler und am Ende um die 24-Stunden-Pflege für die bettlägerigen Eltern. Jeder von uns kennt solche Helferinnen und Helfer. Sie werden selten thematisiert, manchmal kaum wahrgenommen. Oft werden sie mit Missachtung gestraft oder unangemessen behandelt.

Man scheint heute überhaupt kein Problem mehr damit zu haben, solche Arbeiten an Fremde abzugeben und dafür zu bezahlen. Vermutlich ist das ökonomisch. Vermutlich ist das auch vernünftig. Denn es bleibt mehr Zeit – entweder für den Beruf oder auch für ein besseres Leben mit Partner, Familie, Freunden. Salopp formuliert: Kloputzen bringt das Familienleben nicht voran. Und dennoch befremdet mich diese Einstellung, da ich der Generation angehöre, die noch gelernt hat, dass eine Familie (und damit meine ich alle Familienmitglieder, keineswegs nur die Frauen) möglichst aus eigener Kraft mit den Anforderungen im Haushalt oder generell im Leben klarkommen sollte. Nach dem Motto der kleinbürgerlichen Eltern: »Wir lassen uns doch nicht von fremden Leuten bedienen!« Was immer der Grund dafür sein mag, aber die jahrzehntelang und generationenweit geübte Überzeugung, dass man sein Leben möglichst selber organisieren sollte, autonom, ohne fremde Hilfe – diese Haltung stößt bei jüngeren Leuten heute auf Befremden.

Und auch die Essgewohnheiten haben sich verändert. Für die Älteren unter uns war es selbstverständlich, morgens einen Kaffee zuzubereiten, zu frühstücken und dann aus dem Haus zu gehen: zur Schule, in die Uni, zur Arbeit. Heute ist das anders. Die jungen Nachbarn in unserem Viertel gehen ohne Frühstück aus dem Haus. Kurz darauf verlassen sie eine Bäckerei mit einer Tüte und einem Becher in der Hand. Während es zur Zeit meiner Eltern noch üblich war, in der Mittagspause mitgebrachtes Essen auszupacken, wird heute die Kantine, die Mensa oder der Fast-Food-Laden an der nächsten Ecke aufgesucht. Und abends? Der Einkauf von Convenience-Food ist noch die positivere Variante. Der Restaurant-Besuch (früher eine Wochenendattraktion) wird heute alltäglich. Je jünger die Menschen sind, umso weniger wollen sie Zeit aufwenden für Küche-Kochen-Haushalt.

Der Leiter des Supermarkts bei mir in der Nachbarschaft (bei dem es immer mehr fertig zubereitetes Essen gibt – tiefgefroren, gekühlt oder vakuumverpackt, meterlange raumhohe Regale) wurde von seiner Geschäftsleitung nach Großbritannien geschickt. Die sind dort anscheinend beim Thema Convenience noch deutlich weiter als wir, jedenfalls wenn es um die Zukunft der Lebensmittel geht. Das Angebot an bereits fertig zubereitetem Essen sei viel größer als bei uns, berichtet er. Leicht verwundert erzählte er mir von in Folie verpackten Gurkenhappen, geschält und in Scheibchen geschnitten. Daneben immer mehr geschältes Obst, nicht nur exotische Früchte, sondern Äpfel und Birnen, portioniert verpackt. Das erschien sogar ihm, der vom Verkauf von Lebensmitteln lebt, sehr ungewöhnlich. Aber wenn der Kunde es so will, dann kriegt er es auch – und zwar nicht aus Nächstenliebe. Der Lebensmittelhandel zieht hohe Profite aus den portionierten Convenience-Päckchen, denn da löst sich die Preissensibilität der Kunden auf. Sie überblicken nicht, dass sie zum Beispiel für ein paar Gramm geschälte frische Ananas-Stückchen mehr zahlen als für eine ganz Ananas. Das gilt nicht nur für Obst, Salat, Gemüse, und auch nicht nur in Lebensmittelmärkten. Auch Bäckereien und Metzgereien machen zunehmend ihr Geschäft mit fertigen Speisen. An frischen Brötchen ist nicht viel zu verdienen, an belegten schon. Es geht bei dem einzelnen Einkauf um kleine Beträge. Aber am Monatsende haben die Kunden sehr viel mehr Geld ausgegeben, als wenn sie ihr Essen selbst zubereitet hätten. Das wird auch immer wieder über Familien in prekären Umständen berichtet: Man kocht nicht mehr selber, sondern geht regelmäßig zu Fast-Food-Ketten. Wo man dann teures Geld liegen lässt für Essen von geringem Nährwert.

Die verstärkte Nachfrage nach fertig portionierten Lebensmitteln und zubereiteten Gerichten schafft aber auch neue Jobs, Arbeitsplätze auf Zeit, für die keine Berufsausbildung notwendig ist: zubereiten, verpacken und verkaufen von einzelnen Gemüsesorten und Obst bis zu fertigem Essen. Verkauft werden diese Produkte dann im Imbiss, am Tresen oder im Supermarkt. Oder aber angewärmt in der Thermobox bis vor die Wohnungstür geliefert. Während bei manchen Käufen um Abschläge und Rabatte gefeilscht wird, geht in der Fast-Food-Welt das Gefühl für den angemessenen Preis verloren. Da wartet hoher Profit – allerdings nicht für alle Beteiligten. Für die Mitarbeiter, die Zuarbeiter in dieser Welt der Ernährung, die meist nur auf Zeit beschäftigt werden, gibt es weder großes Geld noch Anerkennung.

Was beim Essen üblich geworden ist, färbt langsam auch ab aufs Wohnen und Leben. Zunehmend entstehen in Städten Apartmenthäuser mit komplett möblierten Wohnungen. Hotelähnliche Unterkünfte, die für mindestens eine Woche gemietet werden, manchmal länger, manchmal sogar auf Dauer. Der moderne Mieter verlässt morgens sein Apartment in chaotischem Zustand, Kleider auf dem Boden, Bett zerwühlt, Küche schmutzig. Und abends kehrt er heim in eine picobello aufgeräumte Bleibe, alles geputzt und geordnet, das Amazon-Paket steht im Flur, die Post liegt auf der Kommode, die alten Blumen wurden entsorgt und neue in die Vase gestellt. Das ist die neue Wohnalternative für jene Managementmenschen, die oft unstet leben, viel Geld haben und denen das Hotel zu unpersönlich ist. Für jene Unternehmer, die als Bauträger in diese Häuser investieren, ist das gut angelegtes Geld. Für die Mitarbeiter, die die Heinzelmännchen-Aufgaben übernehmen, läuft es nicht viel anders als im konventionellen Hotelbetrieb: viel Arbeit zu manchmal ungewöhnlichen Zeiten, im Allgemeinen schlecht bezahlt.

Die Nachfrage nach Dienstleistungen wächst also, Gewohnheiten ändern sich. So führt eine Shoppingtour heute nicht mehr ins Warenhaus oder zum Einzelhandel, sondern man »betritt« stattdessen das Internet, sucht sich die Seiten der angesagten Onlinehändler und wählt aus. Man greift ganz selbstverständlich bei Amazon oder Zalando zu vier Pullovern, fest entschlossen, höchstens einen zu behalten und drei zurückzuschicken. Es kostet ja nichts. Jedenfalls kostet es *uns* nichts. Die Umweltverschmutzung wird uns nicht in Rechnung gestellt. Wir beschäftigen damit eine Armee von Fahrern, die die Straßen verstopfen mit ihren Lieferwagen (aber das ist hier nicht das Thema). Und die trübe Welt der Lieferfahrer bleibt uns weitgehend fremd. Niemand fragt, wie die bezahlt werden. Welche Arbeitszeit sie haben. Ob sie versichert sind. Hauptsache, die vier Pullover, die gestern Abend bestellt wurden, werden heute Vormittag geliefert. Alles andere ist uns egal. Es sind Hunderttausende, die sich auf diese Weise eine kümmerliche Existenz unterhalb unserer Wahrnehmungsschwelle verdienen.

Haben Sie mit einem dieser Boten schon mal gesprochen? Haben Sie sie nach ihrem Verdienst gefragt? Sie werden merken: Die meisten können kaum ein Wort Deutsch. Aber das macht nichts, wir reden ja in der Regel nicht mit ihnen.

Es gibt Jobs, die wollen wir nicht sehen und auch nicht machen. Aber: Gemacht werden müssen diese Arbeiten trotzdem. Die schlecht bezahlten Arbeiter blenden wir einfach aus. Wir wollen nicht über sie sprechen. Sie sollen einfach das machen, wofür man sie (vorübergehend) geholt hat.

Zum Beispiel jene Pflegerinnen, die meist aus dem Osten Europas kommen. Sie leben typischerweise bei alten Menschen in alten Wohnungen, umgeben von alten Möbeln und schlechter Luft. Sie sind Tag und Nacht einsatzbereit, pflegen ihre Schutzbefohlenen rundum, füttern sie, waschen sie. Und wenn dann noch Zeit übrig ist und sie noch Kraft haben, reden sie fürsorglich mit ihren. Sie werden bezahlt von den nächsten Angehörigen, im Allgemeinen den Kindern. Sie bekommen ein Gehalt, für das bei Volkswagen kein Arbeiter an das Fließband treten würde. Nicht immer sind sie versichert und versteuern ihre Einnahmen. Nach ein paar Monaten fahren sie nach Hause zu ihren Familien und meistens kommen sie irgendwann wieder, um weiter zu schuften. Es sind immer Frauen, die auf diese Weise beschäftigt werden.

Dieser Blick auf unsere Gesellschaft kann erschüttern. Es ist die alte Klassengesellschaft, von der alle dachten, sie sei mit dem 19. Jahrhundert versunken. Alle wissen, dass es so läuft. Auch der Staat, das Finanzamt, die Krankenkassen. Aber keiner findet eine angemessene Lösung. Die Illegalität wird geduldet, weil es keine legale Lösung gibt. Die Ausbeutung ist akzeptiert. Niemand greift ein, weil jeder fürchtet, irgendwann selbst auf diese »Lösung« zurückgreifen zu müssen.

Die Jobs, die heute noch vornehmlich von Frauen aus osteuropäischen Ländern gemacht werden, können schon morgen auf die Opfer der Digitalisierung zufallen. Dann wird der Lastwagenfahrer, der keinen Lastwagen mehr fahren darf, vielleicht widerwillig, aber notgedrungen, solch einen Job übernehmen. Das wird ihm völlig zu Recht ein Gefühl des Abstiegs vermitteln.

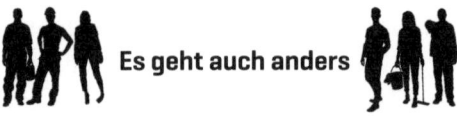

Es geht auch anders

»HALBE ARBEIT, GANZES LEBEN«

AXEL MENGEWEIN BEWEIST, DASS ES EIN SELBSTBESTIMMTES ARBEITEN GIBT

Ein Beispiel, wie auch in einer härter werdenden Arbeitswelt eine befriedigende Balance zwischen Arbeit und Leben gefunden werden kann. *Halbe Arbeit, ganzes Leben* heißt das Buch von Axel Mengewein, in dem er seine Erfahrungen schildert und andere ermuntert, es ihm nachzumachen. In dem er zeigt, wie mit der Reduktion der abhängigen Beschäftigung und der dadurch gewonnenen Zeit eine insgesamt befriedigende Arbeitssituation entstehen kann.

»Ich musste von heute auf morgen aus meinem Vollzeitjob aussteigen, weil meine Familie mich brauchte«, erzählt Mengewein. Und so wurde er von jenem, wie er es nennt, »Teilzeit-Trojaner gekapert«, den auch andere Umsteiger schon kennengelernt haben. Er arbeitete Teilzeit, sein Gehalt wurde reduziert, aber er packte sich das bisherige Ganztagsarbeitspensum drauf und ging dabei über seine Grenzen. Immer wieder, bis er nicht mehr konnte. So geht es vielen Teilzeitbeschäftigten. Der eigentliche Job, die Zeit für die Tätigkeit als Angestellter, wird nur auf dem Papier reduziert, nicht aber real. Doch nur, wenn die Arbeitszeit tatsächlich reduziert wird, kann die Teilzeitbeschäftigung das bringen, was Mengewein in seinem Buch so treffend »halbe Arbeit, ganzes Leben« nennt.

Mengewein, gelernter Wirtschaftsinformatiker, Redakteur beim ZDF in Mainz, hatte viele Jahre leitender Tätigkeit hinter sich, mit allem, was dazugehörte: Überstunden, ständige Erreichbarkeit, Selbstausbeutung. So, wie viele andere das kennen, die in ihrem Beruf aufgehen und alles andere vernachlässigen und dabei glauben, das müsse so sein. Inklusive der permanenten Müdigkeit und des Gefühls des andauernden Gehetztseins. Deswegen musste er zunächst lernen, dass Teilzeit bedeutet, auch weniger Output zu erzeugen. Inzwischen kann er über die unterschiedlichen Formen der reduzierten Angestelltentätigkeit berichten und vor allem: über ganz unterschiedliche Möglichkeiten, aus der gewonnenen freien Zeit etwas Sinnvolles zu machen. Mengewein schreibt: »Noch vor einigen Jahren hätte ich mir ein solches Leben mit siebzehn arbeitsfreien Wochen pro Jahr nicht vorstellen können. Ich war so weit von Teilzeit entfernt, wie es ein aufstrebender Redakteur nur sein kann. Doch dann geschah etwas, das mich aus der Bahn warf. Arbeit, Erfolg, Karriere – das alles war nicht mehr länger wichtig. Ich musste für meine Familie da sein und beschloss, für eine Weile in Teilzeit zu gehen. Einfach war das jedoch nicht. Ich startete ohne jegliche Vorkenntnisse. Den Umfang der Aufgaben an die Stundenreduzierung anzupassen, musste ich erst einmal lernen.«

Inzwischen geht es seiner Familie wieder gut und eigentlich könnte der Journalist die Rückkehr zur Vollzeitbeschäftigung ins Auge fassen. Er will aber nicht: »Die Teilzeit habe ich seitdem freiwillig beibehalten und über die Jahre verschiedene Modelle ausprobiert. Zum Beispiel die Viertagewoche. Oder:

Zwei Wochen Arbeit, zwei Wochen frei. Oder auch die Bildungsteilzeit.« In einem Interview berichtet Mengewein von den vielen Möglichkeiten, die der Arbeitgeber ihm eröffnete (allerdings hat das ZDF dabei auch geduldig mitgespielt, was man so nicht überall erwarten kann): »Ich nutze die gewonnene ›Teilzeitfreiheit‹ und erfülle mir lang ersehnte private Wünsche. Ich bereise die ganze Welt, habe mir den schwarzen Gürtel erkämpft und ein Buch geschrieben – was ursprünglich als Reisetagebuch geplant war, wurde schließlich ein Plädoyer für Teilzeit, für weniger Arbeiten und mehr Leben.« Daneben, sagt Mengewein, habe er endlich Zeit für so wichtige Dinge wie Liebe, Familie, Freunde, Sport, Hobbys und ehrenamtliche Tätigkeiten. Dank Teilzeit fühle er sich heute glücklicher und selbstbestimmter: »Ich ruhe mehr in mir und bin ein zufriedenerer Mensch.«

Bisher waren es vor allem Frauen, die den Ausstieg aus der Vollzeitarbeit wählten, in erster Linie, um sich um ihre Kinder zu kümmern. Wenn sie dann zurückkehren wollten, gab es bei vielen Arbeitgebern nur Schulterzucken. »Das«, sagt Mengewein, »ist jetzt besser. Seit 2019 gibt es die sogenannte Brückenteilzeit. Eine Rückkehr zum Fulltimejob muss angeboten werden.« Zumindest von den Arbeitgebern in größeren Firmen. »Dadurch lassen sich die Vorzüge von weniger Arbeiten, mehr Leben risikolos ausprobieren.«

Ist das alles nur ein Modell für die abhängig Beschäftigten, also für die Mitarbeiter der unteren Entscheidungsebenen? Nicht für Manager? Nicht für Selbstständige? »Keineswegs«, sagt Mengewein. »Ich kenne aus dem Managementbereich die Beispiele der sogenannten Tandemjobs oder des Topsharings, die erfolgreich funktionieren.« Die Effizienzexpertin Christine Walker sagt, wenn Chefs mehr als sechs Stunden am Tag arbeiteten, machten sie etwas falsch, und zeichnet ein ungewöhnliches Szenario für Manager: »Stellen Sie sich vor, Sie wachen morgens auf und haben einen leeren Terminkalender!« Man müsse Teilzeit grundsätzlich neu denken, fordert Mengewein. »Ich kann nur jedem raten, Teilzeit einfach zu testen.«

DAS MONSTER HEISST ALTERSARMUT

NICHT NUR FIRMEN ÄNDERN SICH. AUCH BERUFE ÄNDERN SICH. DER ARBEITSALLTAG ÄNDERT SICH. ALLES ÄNDERT SICH.

Crowdworker, Freelancer und Co.: Sie glauben an die große Freiheit. Sie verdienen gut. Sie teilen sich die Arbeit ein. Keiner bestimmt über sie. Und doch werden sie irgendwann unglücklich.

Die Crowd und ihre Crowdworker. Da geht es um Menschen, die als Gruppe gemeinsam arbeiten. Theoretisch. Aber was sich da sprachlich schönmacht, beschreibt in Wirklichkeit einen undurchschaubaren Zustand, bei dem Unsicherheit und Konkurrenz die Lage bestimmen. Es sind jede Menge Konkurrenten und Fremde in der Crowd, keine Partner, keine Freunde. Die Crowd gibt es nicht an einem Ort und zu einer festen Zeit. Ihre Mitglieder arbeiten vereinzelt und räumlich verteilt. Ob sie in der Nähe sind, erfahren die Mitarbeitenden nicht. Wie viel die anderen verdienen, die denselben Job machen, bleibt unbekannt. Wenn man sein Angebot für ein Projekt abgegeben hat, kann man nur hoffen oder beten. Vielleicht bekommt man den Job (dann überlegt man, ob man vielleicht zu billig war), vielleicht wird man abgelehnt. Dann bleiben Fragen: War ich viel zu teuer – oder nur ein bisschen? Liegt's an meiner Qualifikation? Stimmt was nicht an meiner Konzeption? Es ist ein hartes

Dasein als Teil einer Crowd. Oft bleiben Entscheidungen im Dunkeln. Nicht aus Unfähigkeit der Crowd-Veranstalter. Es ist Absicht.

Barbara Holter (Name geändert) arbeitet seit Jahren als Grafikerin, als Freie, ohne feste Anstellung. Sie ist alleinerziehend, hat eine große schöne Altbauwohnung in Berlin-Friedenau, lebt und arbeitet in dieser Wohnung. Barbara Holter hat sich freiwillig für die Arbeit als Freischaffende entschieden. Sie war viele Jahre in verschiedenen Werbeagenturen mit gutem Gehalt fest angestellt. Warum hat sie diesen Status aufgegeben?

»Ich hatte feste Arbeitszeiten und interessante Aufgaben. So weit war alles gut. Aber ich war irgendwann nicht mehr zufrieden mit meiner Rolle. Ich bekam ziemlich klare Anweisungen, die nicht diskutiert werden sollten, ein Aufstieg war auch nicht in Sicht. Es gab einfach keine Perspektive«, sagt sie. »Und dann kam noch die Scheidung, mir blieb das kleine Kind – das Management von Arbeitsalltag und Familie mit räumlicher Trennung wurde da schwierig.«

Jetzt arbeitet Barbara Holter zu Hause. Homeoffice. Sie entscheidet, welche Aufträge sie annimmt und welche nicht. Sie entwirft Logos, Webauftritte, layoutet Zeitschriften. Sie hat – was bei Freelancern immer wichtig ist, um Abhängigkeit zu vermeiden – unterschiedliche Kunden unter den Agenturen. Sie muss angesichts starker Nachfrage immer wieder Aufträge ablehnen – was ihr jedes Mal wehtut. Sie wird sehr gut honoriert. Es bleibt sogar noch genug Zeit für ihr Kind und ihren Freund. Und es gibt freie Zeit; sie geht aus, genießt das Berliner Kulturangebot. Alles gut. Wirklich?

Ich frage so ganz nebenbei nach ihrer Absicherung fürs Alter. Da bricht Barbara Holter unvermittelt in Tränen aus. Ich habe da etwas angerührt. Den Gedanken ans Alter hatte sie weit weggeschoben. Alles, was sie verdient, fließt in die alltäglichen Ausgaben. Es wird nichts zurückgelegt, das geht gar nicht. Nein, da ist keine Rentenversicherung, kein Sparbuch, kein Vermögen. Ich habe den wunden Punkt getroffen. Die Armut im Alter droht. Typisch für viele Freelancer, die glücklich und zufrieden im Hier und Jetzt leben. Aber was ist in dreißig oder vierzig Jahren? Ganz zum Schluss sagt die bekennende Freelancerin Barbara Holter: Eigentlich, also eigentlich, könne sie sich doch wieder eine Festanstellung vorstellen. Aber dafür sei es inzwischen zu spät, jetzt würde sie keine mehr finden.

Wenn Barbara Holters Situation typisch ist für die Lage der Solo-Selbstständigen in Deutschland, dann werden diese Männer und Frauen irgendwann der Unterstützung des Staates bedürfen. Aus Sicht der Sozialbehörden bedeutet das, dass sie sich auf erhebliche Ausgaben einstellen müssen. Es geht um Steuergelder, die dann gebunden sein werden und nicht mehr für etwas anderes eingesetzt werden können. Aus Sicht der alt werdenden Freelancer ist die Lage besonders hässlich, denn wer es gewöhnt war, jahrelang selbstständig zu arbeiten und ein gutes Auskommen zu haben, wird die Altersarmut und die Abhängigkeit von staatlichen Almosen als ganz besonders bedrückend empfinden.

Andere leben schon jetzt bescheiden. Es ist eine bewusste und selbst gewählte Bescheidenheit, von der Gregor, 34 Jahre, im Blog »Kontoauszug« berichtet. Er arbeitet als freier Kommunikationsdesigner für Agenturen und Magazine und kommt so auf Honorare von insgesamt 15.000 Euro im Jahr. Gregor lebt bei den Eltern (für null), zahlt 178 Euro Krankenversicherung, 170 Euro für einen Schreibtisch im Coworking Space. Manchmal arbeitet er Tag und Nacht bei Terminen mit einer Deadline, manchmal hat er eine Woche lang nichts zu tun. Das schildert er alles mit einer Seelenruhe, die Angestellte mit stressigen Jobs neidisch machen könnte. Er könnte mehr Jobs haben, stellt er fest, würde er sich intensiver auf die Suche machen. Will er aber nicht. »Viele meiner Freunde sind kreative Freelancer und haben genauso wenig Geld wie ich.«

Wenn Gregor, der Mittdreißiger, sich selbst beschreiben soll, sagt er: »Ich lebe das Leben eines Sechzehnjährigen, der ab und zu Jobs macht.« Der Haken an der Sache? Es ist wie bei der Freelancerin Barbara Holter: Bloß keinen Blick in die Zukunft werfen, denn da lauert das Monster Altersarmut. Gregor formuliert das illusionslos: »Meine Rente macht mir wirklich Sorgen, ich werde nämlich keine haben.« Ein exotisches Einzelschicksal? Keineswegs. Diese Form der auf die Gegenwart fixierten Arbeit ohne Absicherung nimmt zu. Das heißt, da kommt ein großes Problem auf unsere Gesellschaft zu.

Schon jetzt, als Folge der Corona-Krise, spüren Freelancer die negativen Seiten ihrer Freiheit. Sie wurden nicht entlassen. Das war gar nicht nötig. Wenn bei ihren Auftraggebern die Arbeit knapp wurde, wurden die Freien zu den ersten Opfern. Wo bisher jahrelang ganz selbstverständlich Aufträge vergeben wurden, kam plötzlich – nichts! Das erlebten reihenweise Frauen und Männer in der Werbebranche, Schauspieler, Sänger und Musiker, Grafiker. Der Staat griff in der Krise zu diversen Hilfsmitteln: Kurzarbeit für Arbeiter und Angestellte, Stützungsmaßnahmen für Geschäftsleute und Unternehmer. Die Freien jedoch fielen durch die Maschen. Ihre Unabhängigkeit wurde für sie zur Falle.

Leute, die mit dem Schreiben ihr Geld verdienen, nennt man Texter. Oder Journalisten. Oder Autoren. Das sind sehr schöne traditionelle Berufe, die voraussetzen, dass man Lust am Umgang mit Sprache hat. Dass man gerne recherchiert oder Fakten sammelt. Dass man auch komplizierte Sachverhalte den Lesern verständlich serviert. Leute, die mit dem Texten ihr Geld verdienen, sind manchmal fest angestellt. Zum Beispiel als Journalisten bei Zeitungen, Zeitschriften oder Sendern. Aber oft sind sie sogenannte freie Mitarbeiter. Freelancer. Diese Freien konnten in der Vergangenheit gutes Geld verdienen. Freie Journalisten konnten oft jahrzehntelang für »ihre« Zeitung arbeiten, als Reporter, als Redakteure, als Bildjournalisten. Gerade die Lokalredaktionen griffen und greifen gerne auf diese Mitarbeiter zurück. Sie lieferten den Stoff, der eine gute Lokalzeitung ausmacht. Wenn sie es geschafft hatten, ihre Themen oder ihren Stil wie einen Markenartikel durchzusetzen, konnten sie schöne Honorare einstreichen.

Eine herausgehobene (auch finanziell bevorzugte) Gruppe der Freien sind die Texter bei den Werbeagenturen. Ihnen fallen manchmal Slogans ein, die im Gedächtnis einer Generation zurückbleiben: »Und läuft und läuft und läuft« (Volkswagen Käfer). »Nichts ist unmöglich« (Toyota). »Alle reden vom Wetter. Wir nicht.« Dieser letzte Slogan warb für die Deutsche Bahn zu einer Zeit, als sie noch Bundesbahn hieß und pünktlich war. Die Texter dieses eingängigen und frechen Slogans waren damals die freien Mitarbeiter Carolus Horn und Margot Müller von der Agentur McCann Erickson. Sie waren vom Selbstverständnis Künstler, wurden hochgeschätzt und gut bezahlt.

Noch immer gibt es Freie, die gut verdienen. Aber ihre Zahl wird kleiner. Dafür wächst die Zahl der Menschen, die – obwohl sie gut sind und ihnen ihre Arbeit Befriedigung verschafft – nicht mehr gut bezahlt werden. Der Wandel hat auch diese Gruppe erfasst.

Gründe dafür gibt es viele. Der erste: Die Nachfrage sinkt. Auch hier ist der Vormarsch von Smartphone, Internet und kostenlos verfügbaren Inhalten dafür verantwortlich, dass gedruckte Zeitungen und Zeitschriften mit sinkenden Auflagen und geringeren Werbeetats zu kämpfen haben. Weniger Werbung? Das reduziert auch die Zahl der Agenturen, der Grafiker und Texter, jedenfalls derjenigen, die klassische Printtexte schreiben. Insgesamt legen die Auftraggeber, also Zeitungsverlage oder Sender, heute weniger Wert auf gute Texte.

Das waren vielleicht Zeiten, als Leute wie Wolf Schneider, der im Verlauf seiner journalistischen Karriere auch mal eine Journalistenschule leitete, Branchenbibeln wie *Deutsch für Profis* oder *Deutsch für Kenner* erfolgreich veröffentlichen konnten. Alles vorbei. Heute muss es schnell gehen. Fehler sind eingepreist. Orthografie ist ein Fremdwort. Satzbau? Was soll denn das sein?

Der Vormarsch der künstlichen Intelligenz hat längst auch die geschriebenen Texte erreicht. »Noch bevor ich die Bühne verlassen hatte, war bereits ein gar nicht so schlechter Artikel über mich und meinen Vortrag erschienen, den die künstliche Intelligenz Dreamwriter für die Agentur Tencent verfasst hatte«, schreibt Zach Seward vom Magazin *Quartz* im Jahr 2017 nach einem Vortrag in Schanghai. Der Roboter ist schneller als der Mensch. Aber ist er auch so kritisch und abwägend wie ein Mensch?

In Großbritannien liefert eine Software namens Radar automatisch verfasste Artikel für lokale Blätter. Die Basis sind veröffentlichte Fakten. Aber wie es so geht mit Zahlen und Daten: Sie müssen in einen Zusammenhang gerückt werden, damit die Leser die Texte verstehen und das Geschriebene richtig einordnen können. Der Roboter kann das noch nicht.

In Deutschland sind die von künstlicher Intelligenz bisher verfassten Arbeitsproben weitgehend unverfänglich. Roboter schreiben Berichte über die Spiele kleiner lokaler Fußballvereine. Die Grundinformationen über Spielverlauf, Torschützen, Ergebnis, Zahl der Zuschauer und eventuelle Zwischenfälle beziehen diese jedoch von einer Agentur. Daraus machen sie locker geschriebene Texte, die Laien nicht als maschinengeschrieben erkennen. Das gibt es schon, so fängt es an. Dem Leser wird nicht mitgeteilt, dass da ein Automat schreibt. Er merkt es auch nicht. Das geht gut, wenn nichts Unerwartetes passiert. Wie beispielsweise die Corona-Krise.

Da schreiben die so programmierten Roboter wie immer Vorberichte zur Fußballbundesliga für einige Medienunternehmen. Im März 2020, mitten im harten Lockdown, erscheinen bei *Welt.de* und bei *t-online* Artikel, in denen berichtet wird, dass beim Spiel Hertha gegen Union am »nächsten Wochenende« beide Mannschaften »sich die gleichen Siegeschancen ausrechnen dürften«. Und so weiter. Es klingt ganz plausibel und ist doch Nonsens. Das Spiel ist abgesagt, wie alle Spiele, wie alle Sportereignisse. Alle wissen das, nur die Computer nicht. Sie liefern ihre Texte wie üblich ab, niemand kontrolliert, niemand in den Redaktionen schaut genauer hin. Bei *Welt.de* schwieg man die Peinlichkeit einfach weg. Bei *t-online* meldet sich ein Redakteur und sagte, was offensichtlich war: »Wir hatten schlicht vergessen, sie [die Roboter] zu deaktivieren.« Und er verspricht: »Wir holen das jetzt aber nach.«

Das ist natürlich kein Trost. Denn mit solchen Robotern lässt sich alles anstellen. Was zum Beispiel, wenn die Schreibsoftware auch auf das politische Geschehen in unserem Land angesetzt wird, auf Parteitage, Parlamentsdebatten, politische Entscheidungen? Dann wird es problematisch. Ist die Programmierung sozialdemokratisch? Oder liberal? Oder vielleicht populistisch?

Aber hier geht es um die Journalisten, Autoren und Texter, um jene, die das besser machen, die aber von Verlegern als teurer Ballast gesehen werden. Natürlich werden einige von ihnen auch in Zukunft benötigt, wenn es um Großereignisse geht, bei denen die menschlichen Sinne gebraucht werden. Gipfeltreffen. Krisen und Kriege. Große Sportereignisse. Topthemen der Politik oder der Wirtschaft. Das Drama einer Tour de France mit den Höhen und Tiefen der Fahrer kann kein Roboter mit jenen Farben und Emotionen versehen, die eine gute Reportage ausmachen. Allerdings wird die Zahl der eingesetzten Autoren abnehmen. Die Zeitungen schließen sich zusammen. Immer öfter berichtet ein Autor für einen Pool oder eine Agentur. Identische Reportagen erscheinen in Zeitungen in Frankfurt und Berlin, in Hamburg und Düsseldorf. Da sind Redaktionsnetzwerke im Einsatz, die den Verlegern viel Geld sparen. Die Leser merken es nicht. Aber Vielfalt sieht anders aus.

Noch immer werden Journalistinnen und Journalisten nach den Regeln der Zunft ausgebildet. Jedes Jahr kommen neue gute Profis auf den Arbeitsmarkt und suchen Arbeitsplätze. Oder zumindest Beschäftigung. Doch der Marktplatz, auf dem feste und freie Beschäftigung für Journalisten angeboten wird, ist klein geworden. Die Zeitungs- und Zeitschriftenverlage befinden sich in der Defensive. Die regionalen Zeitungen verlieren pro Jahr zwischen zwei und fünf Prozent ihrer Abonnenten: Die Alten sterben weg, Junge abonnieren keine Zeitung. Das gilt genauso für Zeitschriften – von Ausnahmen wie der *ZEIT* oder *Landlust* einmal abgesehen.

Manche Verlage verabschieden sich von ihren Druckerzeugnissen, weil sie für sie keine Zukunft sehen. Die Hiobsbotschaften der letzten Jahre: Der Springer Verlag verkauft bis auf *Welt* und *BILD* und deren Derivate alle Zeitungen und Zeitschriften. Der Frankfurter F.A.Z.-Verlag verkauft die *Frankfurter Rundschau* und die *Frankfurter Neue Presse*. Der Verlag DuMont trennt sich von seinen Tageszeitungen. Die verbleibenden Zeitungsmacher versuchen sich im Gesundschrumpfen. Redaktionen werden zusammengelegt. Wo es früher eine mehrköpfige Lokalredaktion gab, muss heute eine Solistin oder ein Solist alles gleichzeitig machen. Klar, dass die Qualität darunter leidet und die Leser das irgendwann merken und kündigen. Die Zeitungsverlage verdienen ihr Geld inzwischen mit Geschäften im Internet: mit dem Betrieb von Bewertungsportalen (Jameda, Burda), Bewerbungsportalen (Stepstone, Springer) oder Immobilienportalen (immowelt, ebenfalls Springer). Da gibt es keinen Bedarf an Journalisten. Manche Journalisten suchen ihre Rettung, indem sie nur noch teilweise für die Presse und dafür zeitweise als PR-Autoren arbeiten (nicht selten tun sie sich dann irgendwann schwer, in ihren Texten zwischen sauberer journalistischer Arbeit und Werbebotschaften zu trennen). Stück für Stück gerät der Beruf des Journalisten unter die Räder. Da liegt es nahe, dass sich junge und hungrige Journalistinnen und Journalisten die neuen Möglichkeiten in den verwandten Branchen näher ansehen. Zum Beispiel bei Crowdworking-Plattformen, auf denen Jobs für Autoren ausgelobt werden und wo Unternehmen Texte bestellen.

Ich habe mir so eine Plattform angesehen. Ich habe einen Auftrag erteilt, um zu sehen: Wie wird mit den Autoren umgegangen? Was kostet so ein Text? Wie viel bringt er dem Autor / der Autorin an Honorar? Und: Was taugt er, dieser Text, unter professionellen journalistischen Aspekten?

Es gibt mehrere konkurrierende Plattformen, die ständig auf der Suche nach frischen Autoren sind. Ich bin auf die mit dem Namen Textbroker zugegangen. Ich habe so getan, als sei ich ein Kunde. Ich habe mich angemeldet, wie gefordert Geld eingezahlt und dann bestellt: Bitte liefern Sie mir einen Text zum Thema »Arbeiten mit Plattformen – für und wider«. Journalistische Machart. 1500 Wörter. Sprachstil: locker, ohne Fremdwörter, meinungsbetont, kritisch. Zielgruppe: Laien.

Textbroker behauptet, den »schnellen Weg zu einzigartigen Texten« zu kennen. Mit »über 80 000 Kunden weltweit«. Das sind große Worte. Zumal es viele Konkurrenten gibt, die alle Ähnliches behaupten. Und jeder weiß, dass viele Autoren bei vielen Plattformen gleichzeitig aktiv sind. Große Worte sind in dieser Branche üblich. Wenn man auf der Homepage von Textbroker weiterliest, wird man heftig umworben: »Keine Zeit für Wortakrobatik? Lass deine Texte bei uns schreiben. Textbroker ist die bewährte Plattform, um deine Texterstellung schnell und einfach auszulagern ...« Und der Preis? »Ihr Wunschtext schon ab 1,5 Cent pro Wort.« Gute Idee. Und so billig! Dann würden ja die von mir gewünschten 1500 Wörter knapp über zwanzig Euro kosten. Kann das sein? Ich bestelle. Schon bald höre ich von Textbroker, dass es so billig dann doch nicht geht. Ich fordere angeblich einen qualifizierten Text. Das kostet mehr. Ich muss dann schließlich über achtzig Euro elektronisch vorab überweisen. Erst dann geht's los.

Und jetzt wechsele ich die Perspektive: Ich schaue auf die Autoren beziehungsweise den Autor, die mir für deutlich unter achtzig Euro (schließlich kassiert die Plattform eine Provision) ein Manuskript von 1500 Wörtern (vier DIN-A4-Seiten) liefern müssen. Nach zehn Tagen kommt der Text bei mir an. Als Autor zeichnet ein gewisser »RoKoe«. Der Text ist ganz in Ordnung, total nüchtern, länger als gewünscht. In Ordnung, aber ohne jeden Pep. Ausschließlich positiv zum Thema Plattformarbeit und nur vorsichtig kritisch. Hier ein Auszug aus dem Manuskript:

»Clickworking – Geld verdienen mit dem Smartphone. Ein Smartphone stellt für die Mehrheit der Nutzer einen unverzichtbaren Begleiter im Alltag dar. Neben der Aufgabe der Kommunikation, z. B. mit Freunden und der Familie, sorgen diverse Apps für Unterhaltung und für kurzweilige Ablenkung. Egal ob Quiz- und Rätsel-Apps oder mobile Browser-Games, für jeden Geschmack ist etwas dabei. Doch ein Smartphone dient nicht nur dem Zeitvertreib, sondern kann auch zum Geldverdienen genutzt werden. Das Stichwort hierbei lautet Clickworking. Im folgenden Beitrag soll aufgezeigt werden, inwieweit sich mit Smartphone-Apps tatsächlich Geld verdienen lässt und zudem werden einige Clickworking-Apps vorgestellt.«

Und so weiter. Seitenlang. Liest sich wie ein Wikipedia-Text, neutral, kühl, ohne Pfiff.

Ich habe einen Testlauf durch das Netz gemacht, um herauszukriegen, ob mit Copy and Paste gearbeitet wurde. Nein, kein Fund. Scheint ein Originalmanuskript zu sein, das ein echter Mensch geschrieben hat. Die Agentur gibt mir zehn Tage Zeit, um Korrekturwünsche zu äußern. Ich habe keine. Der anonyme Autor hat ziemlich viel Arbeit gehabt, er hat recherchiert und sauber formuliert und musste sich obendrein noch mit möglichen Korrekturwünschen einverstanden erklären, bis er seine paar Euro ausbezahlt bekam. Das ist schwer verdientes Geld. Ob man von solchen Honoraren leben kann? Ich glaube nicht.

Im Netz finden sich Kommentare zu Textbroker, verfasst von ehemaligen Autoren. Sie sprechen davon, dass sie »fast drei Cent« pro Wort erhalten würden. Das sei »vergleichsweise gut«. Ein ehemaliger Autor berichtet im Internet: »Als ich auf Textbroker … aktiv war, habe ich mir einen Stundenlohn von etwa vier bis sechs € ausgerechnet. Ich weiß aber noch, dass es stark in Richtung vier € ging.«

Kritik äußern Autoren über »Korrekturschleifen ohne Begrenzung, was den Stundenlohn teils drastisch senkt«, und über die Abhängigkeit »von der Gnade der Korrektoren/Lektoren«. Auch seien die Erwartungen der Auftraggeber angesichts der niedrigen Honorare »manchmal nicht umsetzbar«.

Ist das die Zukunft der Journalisten und Texter? Auf einer Galeere für Autoren? Die ihnen höchstens eine Zusatzeinnahme beschert, aber nicht genug für ein Auskommen? Kein Wunder, dass da im Netz jemand schreibt, dies sei ein Zubrot für »Zeiten der Flaute«. Ja, in der Flaute freut man sich über laue Lüftchen.

Neun Sprachen beherrscht er schon, der Übersetzungsroboter. Weitere sollen dazukommen. Es ist ein deutsches Unternehmen, gegründet von Gereon Frahling, das weltweit Aufsehen erregt und die großen Gegner wie Google oder Microsoft hinter sich lässt. DeepL, zusammengesetzt aus »deep learning«, kann sehr viel. Auf der Homepage des Unternehmens lässt sich kostenlos ausprobieren, wie blitzschnell DeepL arbeitet. Schneller als ein professioneller menschlicher Übersetzer.

Ich mache einen Test und wünsche mir eine Übersetzung vom Deutschen ins Italienische. Ich schreibe in den für das Deutsche vorgesehenen Platz: »Die Zeitung *Repubblica* ist eine der ...« Das Programm übersetzt Zug um Zug und macht dann plötzlich ungefragt weiter. Da steht dann als Übersetzung: »Il giornale *Repubblica* è uno dei più importanti quotidiani del mondo.« Also wurde von der künstlichen Intelligenz vorauseilend geschrieben: »... eine der wichtigsten Zeitungen der Welt«. Vielleicht wollte ich eigentlich schreiben: »... eine der teuren italienischen Zeitungen ...«? Aber das Programm hat den Inhalt vorweggenommen. Erstaunlich! Und bedenklich! Da werden inhaltliche Aussagen vorgegeben. Wer das Italienische nicht beherrscht, übernimmt so etwas unwissentlich.

DeepL arbeitet nach dem Prinzip des maschinellen Lernens. Die Software verbessert sich während der Nutzung selbst, nutzt künstliche Intelligenz, wird von Nutzer zu Nutzer besser. Das Programm ist in der einfachsten Version kostenfrei, dahinter bieten sich verschiedene Formen von Monatsabonnements an, bei denen komplette oder viele Hundert Seiten umfassende Dokumente eingegeben und in Sekundenschnelle übersetzt werden können.

DeepL, das Unternehmen, benötigt nur wenig mehr als zwanzig Mitarbeiter, Ingenieure und Qualitätsmanager. Bei der Verbesserung der Übersetzungen helfen mehrere Hundert freiberufliche Übersetzer. Das Unternehmen wächst und macht Gewinn. Ein amerikanischer Investor ist hoffnungsfroh mit Kapital eingestiegen.

Zwar ist es schön, in der weitgehend von Amerikanern und Chinesen beherrschten Welt der künstlichen Intelligenz ein deutsches Unternehmen zu finden, das nicht nur Schritt halten kann, sondern das vorweggeht. Hier aber geht es um Menschen und deren Zukunft der Arbeit. Da kommt der ehrenwerte und traditionsreiche Beruf des Übersetzers ins Spiel. Ein Beruf, der beste Kenntnisse der Muttersprache, mindestens einer Fremdsprache sowie Kenntnisse der heimischen wie der fremden Gesellschaft voraussetzt. Die Ausbildung ist aufwendig.

Es gibt in Deutschland knapp 40 000 Übersetzer, die meisten arbeiten als Selbstständige. Nach dem sich abzeichnenden Siegeszug von DeepL fällt es nicht schwer, den Niedergang dieses Berufsbildes vorherzusagen. Es wird immer noch Arbeit für Übersetzer und Dolmetscher geben, aber sie wird sich beschränken auf spezielle Aufgaben: Fachgebiete mit Fremdwörtern oder künstlerische Texte oder Reden. Aber die vielen anderen Übersetzer? Warum soll man denen Honorare zahlen, wenn die Maschinen es so viel schneller und billiger machen?

Dies ist nur ein Beispiel. Wir wissen heute noch nicht, in welchen Branchen sich der Vormarsch der künstlichen Intelligenz vollziehen und die in ihr arbeitenden Menschen an den Rand drängen wird. Für diejenigen, die ständig Übersetzungen benötigen, wird es sehr viel billiger. Für all die Selbstständigen, die davon bisher gelebt haben, wird es eng. Das gilt so für Journalisten, für Texter, Lektoren und viele andere mehr, deren qualifizierte Arbeit heute noch gefragt ist.

Die Crowdplattformen zerstören Arbeitsplätze. Die Plattformen drängen die übrig bleibenden freien Mitarbeiter in die Defensive. Die machen sich untereinander Konkurrenz. Währenddessen kassieren die Eigentümer der Plattformen fröhlich ihre zwanzig oder fünfundzwanzig Prozent von den Honoraren. Die Plattformen schaffen viele Verlierer und ein paar wenige Gewinner.

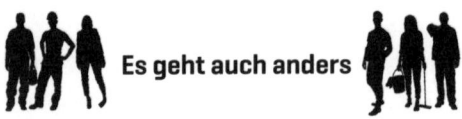 **Es geht auch anders**

Hier müsste nun eigentlich der Es-geht-auch-anders-Part folgen. Da es aber kein positives Beispiel in diesem Bereich gibt, muss dieser leider entfallen.

AUSLAUFMODELLE MIT TRADITION

MACHTLOSER STAAT, ARMES FINANZAMT, BRÖCKELNDE RENTENKASSE

Der Staat läuft schon lange der Wirtschaft hinterher. Das Finanzamt versagt, wenn es gilt, dort zu kassieren, wo wirklich kassiert werden müsste. Und was es für staatliche Kassen bedeutet, wenn immer weniger arbeitende Menschen sich fest anstellen lassen! Wenn es immer mehr Jobber mit Niedrigstlöhnen gibt. Immer mehr Freelancer und Scheinselbstständige. Der Staat wird es spüren, weil die Einnahmen geringer werden. Der Staat wird verarmen.

Erlauben Sie mir, ein wenig zu träumen. Etwa so: Die Staaten weltweit sind sich einig. Sie wollen die Unternehmen einheitlich zur Steuer heranziehen. Schlupflöcher werden gestopft, Steueroasen ausgetrocknet. Die vielen Steueranwälte in ihren großen Beratungsfirmen bangen um ihre Jobs. Denn das war bisher deren Aufgabe: für ihre Kunden, die Unternehmen, möglichst niedrige Steuertarife auszuhandeln. Oder vielleicht sogar dafür zu sorgen, dass die gar keine Steuern zahlen müssen. Dafür kassierten sie bisher hohe Honorare. In meinem Traum ist es damit vorbei. Der Wettbewerb, dieser ruinöse Wettbewerb der Nationen, ist beendet. Künftig wird man nicht mehr darum wetteifern, es einem Unternehmen besonders billig zu machen, nur damit es seine Firmenzentrale ins eigene Land und nicht ins Nachbarland verlegt. Und die fernöstlichen Importeure, die bisher so trickreich

»vergaßen«, in Europa die fällige Mehrwertsteuer zu zahlen, werden bestraft.

Dadurch hätten die Staaten plötzlich erhebliche Mehreinnahmen. Sie könnten über Maßnahmen nachdenken, die bisher nicht zu finanzieren waren. Sie könnten die Schulen und Universitäten endlich so ausstatten, wie es notwendig ist. Sie könnten Pflegerinnen und Pfleger, Erzieherinnen und Erzieher ausbilden und anschließend angemessen bezahlen. Wie wichtig diese Berufe sind, hat man zwar in der Corona-Krise erkannt, an den Löhnen hat sich jedoch nicht viel geändert. Sie könnten die maroden Straßen und Brücken renovieren, die Deutsche Bahn wieder in Form bringen und Gleise legen lassen. Sie könnten Fahrradwege anlegen lassen und das Auto zurückdrängen. Sie könnten Breitbandkabel legen, damit wir zukünftig mithalten können im digitalen Wettbewerb. Sie könnten die öffentlichen Verkehrsmittel stärken, damit lange Staus der Vergangenheit angehören und der CO_2-Ausstoß zurückgeht. Das wären viele Aufträge für Unternehmen. Das wären viele sichere Arbeitsplätze ...

Die Wirklichkeit sieht leider ganz anders aus: Weltweit findet ein Wettlauf statt. Angetreten sind die Nationen. Sie wetteifern darum, wer den großen Unternehmen die besten Möglichkeiten bieten könnte. Damit diese Unternehmen mit einer Produktionsstätte, einem Vertriebszentrum, einer Verwaltungseinheit ins Land kommen. Es ist ein ungleicher Wettkampf, auf den sich Nationalstaaten weltweit einlassen. Aber nicht nur die. Auch innerhalb unserer Bundesrepublik ist mit der Gemeinschaft der Bundesländer schnell Schluss, wenn es um verlockende Ansiedlungen geht. Da konkurrieren Bundesländer, Landkreise, Städte gegeneinander. Es ist ein Unterbietungswettbewerb.

Sogar die Europäische Union, die immerhin das Wort »Union« im Namen führt, ist in der Frage der Unternehmensbesteuerung gespalten. Nicht nur, dass die Steuertarife in den vergangenen Jahren nicht vereinheitlicht werden konnten. Zusätzlich haben manche Länder noch Sonderregelungen eingeführt, Spezialangebote geschaffen oder sogar das eigene Steuerrecht ignoriert, damit sich Firmen bei ihnen ansiedeln. Ein Name steht in unserem Land für das Ausnutzen von Steuerspartricks wie kein zweiter. Der Name eines Unternehmers, der sich kundig machte und dann alles, aber auch wirklich alles, ausnutzte: Müller. Theo Müller. Der Müller von Müllermilch. Ein jahrzehntelang erfolgreicher Unternehmer und Manager, der aus dem vom Vater ererbten Kleinstbetrieb einen milchverarbeitenden Großkonzern gemacht hat. Der sich auf dem Weg dorthin mit allen zerstritten hat, mit seinen Familienmitgliedern, mit den serienweise eingestellten und schnell wieder gefeuerten Managern, mit Arbeitnehmern und – ganz besonders – mit dem verhassten Finanzamt.

Theo Müller, der Steuerbürger, wanderte aus Deutschland aus und ging in die Schweiz. Nicht nur, weil es dort besonders schön wäre, sondern um sein persönliches Vermögen vor dem Zugriff des deutschen Staates zu retten. Der Mann, der in Deutschland dank der Arbeit seiner Leute mehr als drei Milliarden Euro auf die hohe Kante schaffen konnte, argumentierte, der deutsche Staat wolle ihn »enteignen« oder »berauben«. In einem Gespräch sagte er: »Nennen Sie es, wie Sie wollen!«

Als Unternehmer zeigte Müller, wie man öffentliche Gelder benutzt und dabei das Gemeinwesen beschädigt. Vom Freistaat Sachsen kassierte er Zuschüsse für die Errichtung eines neuen Milchwerks. Gleichzeitig schloss er ein funktionierendes Milchwerk in Niedersachsen und schickte die Belegschaft in die Arbeitslosigkeit. Es entstanden unter dem Strich nicht mehr Arbeitsplätze, aber es wurden staatliche Gelder kassiert. Der Staat wurde ausgetrickst.

Müller geht einem Streit mit seinen Arbeitnehmern nie aus dem Weg. Zum Beispiel, wenn Mitarbeiter die Einrichtung eines Betriebsrats fordern. Er ignoriert einfach das Betriebsverfassungsgesetz. Aber das ist nur ein weiterer Zug des Mannes, der in dem Wahn, dem Staat oder der Gemeinschaft jede nur denkbare Abgabe vorzuenthalten und vielmehr jede nur denkbare Förderung zu kassieren, inzwischen drauf und dran ist, seinen Konzern gegen die Wand zu fahren. Mittlerweile sinken die Umsätze, Marktanteile gehen verloren, Konkurrenten ziehen vorbei. Aber Hauptsache, Steuern gespart!

Was sich bei einem Einzelunternehmer zu einem letztlich geschäftsschädigenden Spleen auswachsen kann, wird bei anderen zum kühlen Finanzmodell. Es geht um Finanztransaktionen in Milliardenhöhe. Es geht darum, den Staat in großem Maßstab auszunehmen. Zum Beispiel bei: Cum-Ex.

Cum ist lateinisch und heißt »mit«. Ex ist auch lateinisch und heißt »aus« oder »heraus«. Mit Cum-Ex werden von der Finanzbranche Aktien mit (cum) oder ohne (ex) anstehende Dividendenzahlung beschrieben. Das Kürzel Cum-Ex beschreibt das von kriminellen Banken und Finanzfirmen entwickelte Verfahren, Aktien zum Termin der Dividendenzahlung mehrfach und schnell zwischen verschiedenen Eigentümern hin und her zu schieben, bis das Finanzamt den Überblick verliert. Dann melden die scheinbaren Eigentümer, dass ihnen die Kapitalertragsteuer, die ihnen angeblich abgezogen wurde, zurückgezahlt werden müsste, weil sie gar nicht Eigentümer gewesen seien und keine Dividende erhalten hätten. Das machen sie bei Aktienpaketen mehrfach. Und das Finanzamt blickt nicht durch, wer wann welche Aktien besaß. Das Finanzamt zahlt. Es zahlt Steuern zurück, die es nie erhalten hat. Es zahlt bei Aktienpaketen, die milliardenschwer sind, sodass diese Rückzahlungen viele Millionen betragen. So geschehen erstmals in den USA.

Als der amerikanische Staat den Betrug schließlich aufdeckte und stoppte, wandten sich die Banken und Finanzgesellschaften verstärkt Europa zu, vor allem Deutschland. Dort wurde das gleiche System praktiziert und jahrelang insgesamt Milliarden dieser Rückzahlungen für nie gezahlte Steuern kassiert. Der Betrug wird gerade vor Gericht aufgearbeitet. Banker und ihre Helfer versuchen in den dortigen Anhörungen zu erklären, dass das damals alles ganz legal gewesen sei. Als könne es jemals legal sein, vom Staat Rückzahlungen zu verlangen, wo es überhaupt keine Zahlungen gegeben hatte. Aber das ist typisch für juristische Auseinandersetzungen: Es geht nicht um Logik und schon gar nicht um ethisches Verhalten, sondern um das Ausspähen von Gesetzeslücken, die der Staat zu spät erkannt hat. So ein Prozess dauert für gewöhnlich sehr lange. Ob dann am Ende die Milliarden an den Staat zurückfließen werden, ist ungewiss. Und ob nach einem gewonnenen Prozess überhaupt noch Geld zu finden sein wird, kann heute auch keiner wissen.

Der entscheidende Aspekt bei dieser Sache: Die Staaten waren jahrelang überfordert. Weder die Politiker noch die Finanzbehörden erkannten, dass ihnen da eine lange Nase gedreht wurde. Vor allem gab es auch dann keine Kommunikation zwischen den verschiedenen nationalen Finanzbehörden, als der Schwindel aufflog. Während die Amerikaner dem kriminellen Treiben ein Ende setzten, lief der Staatsbetrug in Europa weiter. Die Finanzbehörden kooperierten nicht miteinander. Während auf der Seite der Täter hoch bezahlte und hoch qualifizierte Finanzberater und Anwälte immer neue Tricks erfanden, standen die Finanzbehörden am Rande des Spielfelds und verstanden nicht, was da passierte.

Es handelt sich allein in unserem Land um einen eingetretenen Staatsverlust von mindestens zwanzig Milliarden Euro. Das hat Professor Christoph Spengel, Steuerexperte an der Universität Mannheim, berechnet. »Dieser Schaden wäre vermeidbar gewesen«, sagt er. Jetzt sonnen sich die Täter auf ihren

Jachten in der Karibik und beklagen höchstens, dass es so schwer ist, das ergaunerte Geld gewinnbringend anzulegen. Was hätte mit diesen Milliarden im Interesse der Bürger alles gemacht werden können? Armes Finanzamt? Nein! Arme Bürger! Es stellt sich die Frage, ob wenigstens in Zukunft gesichert ist, dass die Steuern dort ankommen, wo sie hingehören.

Ein Zeuge, der miterlebt hat, wie die amerikanische Großbank Merrill Lynch beim Cum-Ex-Betrug mitmachte, ist mit Blick auf die Zukunft skeptisch. Er sagt: »Es ist offensichtlich, dass das System kaputt ist.« Damit meint er, dass die Banken und Finanzgesellschaften den Staaten immer mehrere Schritte voraus sind. Die Banken arbeiten in Mikrosekunden, wo die Behörden Jahrzehnte brauchen, um zu reagieren. Vor allem, da sie sich oftmals untereinander nicht einig sind. Es gibt einen verhängnisvollen Wettbewerb der Staaten um die Gunst der Finanzbranche und der großen weltweit agierenden Konzerne, den diese zu ihren Gunsten nutzen.

Apple! Ein Unternehmen, das zu den größten der Welt gehört. Das höchste Gewinne einstreicht. Dieses Unternehmen mit dem sympathischen Logo und dem positiven Firmenimage steht auch in der Kategorie Steuervermeidung an vorderster Stelle. An Apple beißt sich die Europäische Union fest – und vielleicht die Zähne aus. Für seine Importe in die Länder der Europäischen Union hat sich Apple mit seiner Europazentrale in Irland niedergelassen. Das ist schon mal eine kluge Entscheidung, da Irland nur 12,5 Prozent Einkommensteuer verlangt. Darüber könnte man sich schon mal wundern, denn warum nimmt der eine EU-Staat 12,5 Prozent, wo doch der andere EU-Staat – zum Beispiel Deutschland – 29,7 Prozent verlangt? Warum hat Irland in den letzten Jahren seine Steuer von 40 auf 12,5 Prozent gesenkt? Das ist für die anderen EU-Länder ärgerlich und für interessierte Unternehmen verlockend! Aber 12,5 Prozent erschienen dem Apfel immer noch zu viel. Motto: Man kann es ja mal versuchen! Also wurde verhandelt, bis Irland schließlich einen sogenannten »sweatheart deal« anbot, eine freundliche Sonderbehandlung. Die dazu führte, dass Apple in einem der vergangenen Jahre 22 Milliarden Euro Gewinn angab, dafür aber nur zehn Millionen Euro Steuern zahlte. Das bedeutet: 0,05 Prozent.

Als Apple erkannte, dass man mit dieser Null-Steuer-Politik auf die Dauer den gemeinsamen Widerstand der Länder der Europäischen Union hervorruft, begannen Anwälte des Unternehmens, die Konditionen in anderen Steuerparadiesen zu prüfen: ob die Sätze dort vielleicht noch niedriger seien. Aber sie untersuchten auch, ob in einem dieser Steuerparadiese vielleicht irgendwann die politische Opposition an die Macht kommen und die Deals dann widerrufen könnte. Man wollte sicher sein, dass das Steuerparadies auf Dauer angelegt ist. Die Europäische Union kämpft in der Sache Apple mit dem Unternehmen, aber auch mit ihrem Mitglied Irland. Inzwischen sind dreizehn Milliarden Euro im Steuerstreit zwischen Europa und Apple auf Treuhandkonten eingefroren, bis die Sache entschieden ist. Apple hält das für kriminell. Die EU verweist auf die Gesetze.

Die großen multinationalen Konzerne wollen Geld verdienen. Und wenn möglich keinerlei Steuern zahlen. Jeder Versuch, ihnen beizukommen, wird von ihnen als Gewalt gegen Opfer dargestellt. So argumentiert der CEO des Unternehmens Tim Cook im europäischen Apple-Steuerstreit auch in einer Art und Weise, als habe er es mit dem Überfall einer kriminellen Vereinigung zu tun: »Das ist ein Steuerrecht, das für das Industriezeitalter gemacht wurde, nicht für das digitale Zeitalter. Es ist rückwärtsgewandt ... Man hätte es schon vor Jahren richten müssen.«

Apples Beweggründe sind klar: Sie wollen das Geld der Kunden, möglichst viel Geld. Zugleich wollen sie einfach nicht wie alle anderen Unternehmen besteuert werden. Da sie groß genug sind und da sie international unterwegs sind, finden sie Schlupflöcher. Denn die Nationen agieren uneinheitlich, nur deshalb gibt es diese Löcher. Im Jahr 2018 haben die größten amerikanischen Unternehmen keinerlei Steuern gezahlt. Weil sie vielleicht am Rande der Insolvenz dahinvegetierten? Vielleicht gab es keine Gewinne? Von wegen! Tatsächlich erwirtschafteten 60 der 500 größten amerikanischen Unternehmen Gewinne in Höhe von 79 Milliarden Dollar. Ohne Steuern zu zahlen. Diese Zahlen liegen vor, sie sind bekannt, auch die amerikanische Regierung kennt sie. Entscheidendes gegen die Steuerverweigerung geschieht nicht. Es gibt einen Auftrag der zwanzig größten Industrienationen an die OECD, einen Vorschlag auszuarbeiten, wie dem Missbrauch ein Ende gesetzt werden könnte. Aber dieser Auftrag dient vermutlich dazu, die Öffentlichkeit zu beruhigen. Mehr ist davon nicht zu erwarten.

So viel zu dem Traum, Firmengewinne in Milliardenhöhe ließen sich angemessen besteuern. Und die gewonnenen Einnahmen ließen sich im Interesse der Bürger einsetzen. Das hat bisher nicht funktioniert und es wird in Zukunft nicht besser, im Gegenteil: Die politische Wirklichkeit zeigt eher Fliehkräfte. Nationale Kräfte werden stärker, Staaten gehen immer öfter eigene Wege. China entwickelt sich zur egoistischen Weltmacht. Die USA sind auf dem »America-first«-Trip und verlieren Bündnisinteressen aus dem Blick. Die Europäische Union hat mit Großbritannien ein wichtiges Mitglied verloren und schlingert dahin ohne starken gemeinsamen Auftritt. Europäische Länder brechen reihenweise EU-Regeln und schwächen den Bund weiter. Wie soll da in absehbarer Zeit eine gemeinsame europäische, vielleicht sogar weltweite Steuerpolitik entstehen?

Wie steht es aktuell um die deutsche Steuerpolitik? Im Jahr 2019 hat der deutsche Staat deutlich über 700 Milliarden Euro an Steuern eingenommen. Ein erneuter Anstieg im Vergleich zum Vorjahr. Wie schon seit elf Jahren. Eine echte Erfolgsgeschichte. Andere Länder wären froh, wenn sie eine solche Bilanz vorweisen könnten.

Allerdings ist diese Erfolgsgeschichte vorerst zu Ende. Jedenfalls für die nächsten Jahre. Die Corona-Krise verlangt dem Staat Hilfsmaßnahmen in Billionenhöhe ab. Zugleich sinken Steuereinnahmen auf allen Ebenen. Eigentlich müsste der Staat gerade jetzt mit Investitionen im öffentlichen Bereich die Konjunktur anschieben und zugleich die öffentliche Struktur verbessern – doch wovon soll er das bezahlen? Die Zukunft wird schwierig.

Schaut man sich an, von wem in den letzten Jahren Steuern gezahlt wurden, stellt man fest, dass es nicht etwa Großkonzerne wie Google, Amazon oder Apple waren. Der größte Batzen an Steuern stammte zuletzt aus der Lohnsteuer. Mehr als 250 Milliarden Euro. Das Geld kam von den abhängig Beschäftigten, die brav zahlten, die manchmal nicht mal eine Steuererklärung machten, die sie vielleicht entlastet hätte, die keine Schlupflöcher kennen. Hier gibt es nun auch die größten Einbrüche, denn von den vielen Menschen in Kurzarbeit gibt es keine nennenswerten Steuereinnahmen. Auch Arbeitnehmer, die weiter voll beschäftigt werden, verlieren in diesen Zeiten Einnahmen, zum Beispiel werden Überstunden gestrichen oder Jahresprämien fallen weg. Auch hier also Mindereinnahmen beim Staat.

Weit dahinter kommt die Einkommensteuer: Nur etwa siebzehn Milliarden Euro stammten bisher aus diesem Topf. Der Betrag wird als Folge der Krise deutlich sinken.

Und die Kapitalertragsteuer? Es ist ja kein Geheimnis, dass auf Kapitalerträge 25 Prozent Steuer gezahlt werden, sie müssen direkt abgegolten werden. Deswegen heißt sie auch Abgeltungsteuer. Lassen Sie mich einmal vorrechnen, was dieses

Abgelten tatsächlich bedeutet. Da ist ein Mensch, der ist ganz schön wohlhabend, arbeiten muss er nicht mehr. Er hat fünf Millionen Euro Vermögen. Daraus erlöst er – sagen wir mal durch Investitionen in Aktien – fünf Prozent Ertrag, das sind 250 000 Euro. Darauf muss er 25 Prozent Kapitalertragsteuer plus Soli zahlen, das sind rund 66 000 Euro. Bleiben ihm 184 000 Euro zum Leben. Da muss er sein Vermögen nicht antasten. Das ist schön. Für ihn. Eine fast genauso hohe Steuerlast trägt ein Arbeitnehmer mit gutem Einkommen, mit hartem Arbeitsalltag, und ohne jedes Vermögen …

Die Kapitalertragsteuer ist die offene Kapitulation vor der Steuerflucht der Reichen. Als sie eingeführt wurde, sagte der damalige Finanzminister Steinbrück: »Besser 25 Prozent auf x als 42 Prozent auf nix!« Er wollte es den Reichen, die vor den zuvor geltenden 42 Prozent geflüchtet waren, erleichtern, in das deutsche Steuersystem zurückzukehren. Ist das gelungen? Besonders ertragreich wurde es nicht: Zuletzt flossen nur sieben Milliarden Euro aus dieser Steuer, mit sinkender Tendenz. Obwohl es zunehmend Reiche gibt, die viel mehr beitragen könnten zum Unterhalt und Aufbau und der Entwicklung unseres Landes. Sieben Milliarden – das ist wenig im Vergleich zu den mehr als 200 Milliarden Einnahmen aus der Lohnsteuer. Aber auch diese Steuereinnahme wird sich als Folge der Corona-Krise vermindern.

Wenn nun künftig immer mehr Menschen zu Selbstständigen werden, entweder weil sie das selbst so wollen oder weil sie dazu gezwungen sind, werden die Einnahmen aus der Lohnsteuer noch weiter kräftig sinken. Man könnte meinen, dass eine steigende Zahl von Selbstständigen zum Anstieg der Einnahmen aus der Einkommensteuer führen werde, aber das ist ein Trugschluss. Denn bei diesen neuen Selbstständigen handelt es sich schließlich nicht um reiche Unternehmer, sondern um jene Einzelkämpfer, die in normalen Zeiten gerade so über die Runde kommen. Und in Krisenzeiten nicht mehr. Steuern werden die kaum zahlen können. Wenn gleichzeitig viele Menschen zu Empfängern von Grundrente, Mütterrente, Rente ab 63 oder Sozialleistungen werden, steigen die finanziellen Ansprüche an den Staat. Das ist eine böse Zwickmühle: sinkende Steuereinnahmen, wachsende Ausgaben. Da bleibt wenig Gestaltungsspielraum.

Es wurde lange gefordert, der Staat müsse sich um die Jungen und die Zukunft kümmern: Kitas, Schulen, Universitäten. Oder die Forderung nach einer verbesserten Infrastruktur: Wenn das Internet hängt, die Straßen verstopfen, die großen Brücken zerbröseln und die Bahn zu spät kommt – all das ist marode Infrastruktur. Da nun aber Milliarden für Rettungsaktionen ausgegeben wurden, wird künftig noch weniger Geld für Investitionen da sein, umso unerfreulicher wird das Leben und Arbeiten in unserem Land.

Steuern sind das eine, Rentenbeiträge und Sozialversicherungsbeiträge das andere. Sie werden den Arbeitnehmern direkt an der Quelle abgezogen. Kein Lohnabhängiger kann sich ihnen entziehen. Man sollte meinen, ein sicheres Einnahmesystem.

Das war so in den letzten Jahren: Bei der Deutschen Rentenversicherung lief es gut. Etwa 50 Millionen in Deutschland tätige Arbeitnehmer zahlten in die Kasse ein. Etwa 21 Millionen Rentner erhalten Geld. Die Beiträge der Versicherten sanken. Die Renten stiegen seit Jahren, die Einnahmen der Rentenversicherung auch.

Störgeräusche kamen bisher höchstens von jenen Leuten, die sich berufsmäßig mit der Bevölkerungsentwicklung beschäftigen. Sie sehen ganz nüchtern auf die Statistik. Die Entwicklung zeigt, dass die Zahl der Rentner immer größer wird und dass die Rentner immer älter werden. Selbst bei gleichbleibenden Einnahmen wachsen also die Ausgaben. Das ist das eine Problem.

Für ein anderes Problem sind die Politiker verantwortlich. Ihr wichtigster Wunsch ist es, wiedergewählt zu werden. Und ihr zweitwichtigster Wunsch, als erfolgreiche Politiker in die Geschichte einzugehen. Da macht es sich gut, der großen Gruppe der Rentner und der angehenden Rentner Gutes zu tun. Die schauen nämlich argwöhnisch auf ihre Alterseinkünfte und reagieren an der Wahlurne, wenn ihnen die Entwicklung nicht gefällt. Rentner sind nachtragend. Das Wissen darum zieht sich durch die Politik der letzten Jahre. Beschlossen wurde die Rente ab 63. Und die Mütterrente. Und die Grundrente. Zugleich soll das allgemeine Rentenniveau hoch bleiben, der Rentenbeitrag unverändert. Und das Rentenalter soll auf keinen Fall steigen. Und, und, und … So machen sich Politiker beliebt.

Das gelingt aber nur unter hartnäckiger Verweigerung der Realität. Wenn man mehr ausgibt, als man einnimmt, mag das eine Zeit lang funktionieren, aber irgendwann kommt die Stunde der Wahrheit. Bei der Rente könnte der Zeitpunkt erreicht sein, wenn immer mehr Rentner ihre gesetzlich verbrieften Ansprüche anmelden. Wenn die neuen Gesetze sich auswirken, die weiteren Rentnern Bezüge zuerkennen. Wenn die Zahl der beitragszahlenden Arbeitnehmer abnimmt. Dann leert sich die Kasse unausweichlich. Irgendwann ist es vorbei mit den versprochenen Leistungen. Oder wie der Wirtschaftswissenschaftler Meinhard Miegel über die Zukunft der Rentenversorgung ganz trocken sagte: »Wo nichts ist, hat der Kaiser sein Recht verloren!«

Schon jetzt gibt es Rentenleistungen, die sich nicht aus dem Beitragsaufkommen bezahlen lassen. Deswegen wurde ganz unauffällig politisch entschieden, dass die Steuerzahler ranmüssen. Zunächst einmal mit zweistelligen Milliardenbeträgen. Aber in ein paar Jahren (das lässt sich errechnen) werden es mehr als hundert Milliarden Euro sein, die aus den Steuereinnahmen für die Rente lockergemacht werden müssen. Jeder junge Arbeitnehmer, der rechnen kann, wird dann feststellen, dass es für ihn besser wäre, wenn er keine Rentenbeiträge einzahlt. Denn er wird im Alter niemals das Geld zurückbekommen, das er als Arbeitnehmer an Beiträgen aufbringen musste. Er wird rechnen – und daraus Konsequenzen ziehen.

Als wären das nicht schon genug der Probleme, gibt es jetzt angesichts der Corona-Krise ein weiteres Problem. Es hat die Rentenversicherung völlig unvermittelt getroffen: Arbeitslose zahlen nicht für die Rente ein. Bei Kurzarbeitern werden Rentenbeiträge nur vom Nettolohn angerechnet. Das heißt, die als Folge der Corona-Krise anstehende Entwicklung am Arbeitsmarkt hat Auswirkungen auf die Rente. Wenn die zurzeit herrschende Arbeitslosigkeit und die nach der Krise forcierte Digitalisierung viele qualifizierte Arbeitsplätze gefährdet, wird es für eine Übergangszeit oder im schlimmsten Fall für eine lange Zeit eine beständige hohe Arbeitslosigkeit geben. Auch das wird die Rentenkasse belasten. Sie wird weniger einnehmen als erhofft.

Bei dieser negativen Prognose handelt es sich nicht um eine vorübergehende Krise der traditionellen Wirtschaft und Arbeitswelt, sondern um eine grundlegende Veränderung, eine wirtschaftliche Revolution, die durch die Corona-Krise erst so richtig Fahrt aufgenommen hat. Immer mehr qualifizierte junge Arbeitskräfte werden die Selbstständigkeit wählen. Vielleicht, weil sie die Freiheit suchen. Vielleicht, weil sie genug Kunden finden, die ihnen ein besseres Einkommen garantieren als eine Festanstellung in einem Büro. Vielleicht aber auch, weil es in ihrem Beruf und bei ihrer Ausbildung fast nur noch Angebote für freie Mitarbeiter, Crowdworker oder Freelancer gibt. Heute ist es für die meisten Schauspieler oder Musiker ganz selbstverständlich, als Freie zu arbeiten. Das wird künftig stärker als bisher auch andere Berufsgruppen betreffen: Grafiker, Texter, Journalisten, IT-Spezialisten, Designer, Architekten. Aber auch Vertriebsleute und Verkäufer, Handwerker, Juristen.

Ein Vorgeschmack: Jahrzehntelang war der Beruf des Piloten mit einer Festanstellung bei einer Fluglinie verbunden – mit hohem Gehalt und komfortabler Altersversorgung. Doch in der Corona-Krise sind Tausende von Piloten, die sich ihrer Arbeitsplätze absolut sicher glaubten, entlassen worden. Sie vagabundieren auf dem Arbeitsmarkt und hoffen auf eine Rückkehr zu den guten alten Zeiten. Im Umfeld der Billigfluglinie Ryanair ist es noch schlimmer: Da gab es schon vor der Krise viele Piloten, die nicht fest angestellt waren. Sie arbeiteten als Scheinselbstständige und mussten für jeden Flug einzeln anheuern. Jetzt, da Ryanair nicht fliegen kann, warten sie untätig an den Flughäfen. Gestrandet, ohne Einkommen, ohne Arbeitslosengeld, ohne Kurzarbeitergeld.

Wenn diese Entwicklung sich weiter durchsetzt, wird sie die staatlichen Sicherungssysteme nicht nur vorübergehend ins Minus treiben. Das Rentensystem wird dann generell instabil. Weil Politiker heute das Problem nicht sehen wollen (oder können), wird die künftige Politikergeneration gefordert sein, es mit mühsamen Reparaturen zu versuchen. Millionen Berufstätige müssen darauf hoffen, im Alter genug auf der hohen Kante zu haben, um mit einer geringen oder gar ohne eine gesetzliche Rente auszukommen. Die Rentenkasse und die Arbeitsagentur können in einen Sturzflug mit heftigen Folgen geraten. Um eine Pleite mit katastrophalen Folgen für die übrig bleibenden Beitragszahler und Rentenempfänger zu verhindern, werden die Politiker immer tiefer in den Steuertopf greifen müssen. Das wäre zwar eine Lösung – aber keine gute. So viel zur Zukunft der Rente. Es könnte sein, dass sie keine hat.

Die zweite große staatliche Versicherung in Deutschland ist die Arbeitslosenversicherung. Sie wird bald ihr hundertjähriges Bestehen feiern können und hat in der vergangenen Zeit bereits manche Krise überstanden. Die aktuelle Entwicklung jedoch stellt die Bundesagentur für Arbeit auf eine harte Probe.

Bis in das Frühjahr 2019 hinein gab es eine gute Beschäftigungslage, viele Menschen waren fest angestellt und zahlten brav ihre Beiträge ein. Die Entwicklung war seit der Finanzkrise 2008/09 beständig gut. Die Arbeitslosigkeit wurde immer niedriger und die Kasse musste wenig auszahlen. Es blieb also viel Geld im Haus. Im Februar 2020 hatte die Bundesagentur viele Milliarden Euro auf der hohen Kante. Es gab bereits optimistische Hochrechnung: Bei gleichbleibender Entwicklung könnten es im Jahr 2022 vierzig Milliarden Euro sein. Die *BILD*-Zeitung titelte bereits drastisch wie immer: »Arbeitslosenversicherung schwimmt im Geld.«

Aber schon die Finanzkrise ab 2008 hatte gezeigt, wie schnell sich das Blatt wenden kann. Zu Beginn der Finanzkrise, als die Arbeitslosenzahlen stiegen und die Einnahmen sanken, gab die Bundesagentur schon eine Milliarde Euro mehr aus, als sie eingenommen hatte. Mit voller Wucht spürbar wurde es im Jahr 2009. Da musste die Behörde plötzlich vierzehn Milliarden Euro mehr auszahlen, als eingenommen worden waren. Das stabilisierte sich erst 2011. Seitdem hatte man mehr Einnahmen als Ausgaben – bis jetzt. Innerhalb weniger Wochen warf der Lockdown die Bundesagentur zurück. Während die Einnahmen sanken, musste die Agentur Arbeitslosengeld sowie Kurzarbeitergeld auszahlen und darüber hinaus auch noch kostspielige Arbeitsmarktpolitik betreiben: vermitteln, umschulen, weiterbilden und vieles mehr. Das ging ins Geld, die Rücklage verdampfte.

Diese Negativsituation mag sich bei einer wieder erstarkenden Wirtschaft zum Besseren wenden. Doch wirklich systemimmanent kritisch für die Sozialversicherung könnte es werden, wenn junge Leute künftig immer seltener bereit sind, sich fest anstellen zu lassen. Unter den jungen Arbeitnehmern herrscht ein großes Misstrauen gegenüber den Leistungen der Arbeitsagentur und der gesetzlichen Altersversorgung. Diese Entwicklung muss einen nicht verwundern, wo ihnen doch immer wieder vorhergesagt wird, dass die staatliche Altersversorgung in Zukunft wenig zahlen wird und die Sozialgesetzgebung schon jetzt dafür gesorgt hat, dass das klassische Arbeitslosengeld nur sehr begrenzte Zeit gezahlt wird. Da behält man das verdiente Geld lieber ganz für sich, als einen Teil für die Rente oder die Arbeitslosenversicherung abzuzweigen. Solange man angestellt ist, kann man sich der Beitragszahlung nicht entziehen. Als Solo-Selbstständiger schon. Denn freiwillig einzahlen will kaum jemand.

Hinzu kommt, dass auch die Arbeitgeber mehr und mehr Geschmack an der Beschäftigung von Freien oder Freelancern finden. Sie sparen dadurch gleich mehrfach. Sie müssen keine Arbeitgeberanteile zur Sozialversicherung zahlen und zum Teil nicht einmal Arbeitsplätze bereitstellen, wenn das Arbeiten auch vom Homeoffice aus geht. Die Arbeit von zu Hause aus hat in der Corona-Krise ohnehin ihre Bewährungsprobe bestanden. Homeoffice wird immer öfter zur Option.

Allgemein wird erwartet, dass die Zahl der sozialversicherungspflichtigen Arbeitnehmer sogar dann zurückgehen wird, wenn die Gesamtzahl der Beschäftigten gleich bleiben sollte. Umso stärker wäre der Effekt bei einer sinkenden Zahl von Beschäftigten. Sollte diese Entwicklung eintreten, würde es ernst für die Arbeitslosenversicherung und für die Bundesagentur für Arbeit. Beide wären in ihrer Existenz bedroht.

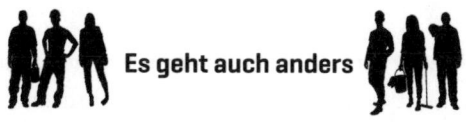 **Es geht auch anders**

»SELBSTSTÄNDIGKEIT ERFORDERT SELBSTDISZIPLIN«

TANJA LENKE IST SOLO-SELBSTSTÄNDIG UND SORGT DENNOCH VOR

Wie man sich die Selbstständigkeit Zug um Zug erarbeiten kann, ohne dabei die Zukunft (und damit das Alter) aus den Augen zu verlieren? Hier ein Beispiel: Tanja Lenke hat viele Jahre als Angestellte gearbeitet. Hat dabei gut verdient. Hat die Welt gesehen. Wollte jedoch irgendwann selbstständig sein. Und sie ist es dann auch tatsächlich geworden.

Ihre Geschäftsidee ist originell und fand sofort Zuspruch. Voraus ging die Erkenntnis, dass viele Gründer und Solo-Selbstständige den Austausch vermissen, manchmal sogar die soziale Kontrolle, die sie in ihrer Arbeit festhält, sie einordnet und Perspektiven schafft. Das lässt sich übertragen auf alle Tätigkeiten, die allein ausgeübt werden, sei es nun zu Hause im privaten Büro, in einem Co-Working-Space oder einem Caféhaus wie dem St. Oberholz in Berlin-Mitte, das Treffpunkt der digitalen Boheme ist. Den Freelancern fehlt oft die Ruhe oder der Antrieb. Manchmal fällt auch die Fokussierung schwer, dann vermissen sie den kontrollierenden Blick eines Partners oder Kollegen über die Schulter, eine Bestätigung: Du bist auf dem richtigen Weg. Oder auch: Du hast dich verrannt, suche eine andere Lösung.

Tanja Lenke kennt diese Probleme aus eigener Erfahrung. Weil sie selbst erlebt hat, wie schwer es ist, sich als Solo-Selbstständige zu organisieren, setzt sie heute genau da mit ihrem Angebot an. Sie berät solo-selbstständige Frauen. Ausschließlich Frauen, weil sie sich in deren Arbeitssituation besser einfühlen kann. Und weil sie glaubt, dass Frauen eine spezielle Einstellung zum Arbeiten und zum gemeinsamen Gespräch über ihre Arbeit haben. Eigentlich ist Frau Lenke »nur« Consultant. Aber ihr spezieller Ansatz ist erfolgreich. Sie hat ein Angebot, das sich von der Masse der Beratungsangebote abhebt und mittlerweile von vielen Frauen in Anspruch genommen wird. So vielen, dass sie davon leben kann.

Zweimal täglich, morgens und spätabends, lassen Frau Lenkes Kundinnen ihre Webcams und Mikrofone freischalten und kommunizieren dann gemeinsam, als Gruppe, als virtuelle Belegschaft – so, als würden sie in einem großen Büro zusammenarbeiten. Manchmal lassen sie nur die Kamera zuschauen, ohne etwas zu sagen. Natürlich klingt das merkwürdig. Erst schafft man sich seinen geschlossenen Arbeitsraum, und dann öffnet man ihn elektronisch. Aber es funktioniert, weil die Teilnehmerinnen den sozialen Druck, den die Kamera ausübt, für sich nutzen. Etwa so: »Ich bin viel effektiver, wenn die Webcam an ist.« Weil das Kameraauge für Selbstdisziplin sorgt.

Lenkes Konzept kommt an, sodass inzwischen fast einhundert Frauen zu ihren Kundinnen gehören, regelmäßig Beiträge zahlen und mit Mund-zu-Mund-Propaganda für einen wachsenden Kundenkreis sorgen. Ihre Firma nennt Tanja Lenke »she-preneur«, eine Zusammensetzung aus »she« (Sie) und »Entrepreneur« (Unternehmerin). Für die 39-jährige Gründerin und Unternehmerin in ihrem Ostberliner Büro ist diese Arbeit nicht nur wirtschaftlich interessant. Sie mag es, anderen Frauen helfen zu können. Sie freut sich an den Erfolgen der anderen. Das, was sie tut, ist das Gegenteil von entfremdeter Arbeit. Sie hat umgesetzt, was sie sich selbst gewünscht hätte, als sie ihre ersten Schritte als Selbstständige unternahm.

Ich spreche mit Tanja Lenke. Ich frage: »Wie organisieren Sie sich? Also: Wann ist Zeit für die Arbeit, wann für Haushalt, Privates und eventuell Familie, wann Freizeit? Haben Sie das im Griff?«

Tanja Lenke: »Tolle Frage! Die Fähigkeit, uns selbst zu managen, ist bei uns Selbstständigen essentiell. Ansonsten kann es sehr schnell passieren, dass wir ›selbst und ständig‹ arbeiten. Zu Beginn meiner Selbstständigkeit, also 2013, hatte ich mit der Organisation meines Tages zu kämpfen. Arbeit gab es immer genug, den Haushalt machte ich ›zwischendurch‹, und Familie, Freunde und ich selbst kamen leider oft zu kurz. Mit der Zeit kam immer mehr Unzufriedenheit auf und ich merkte, dass die Selbstständigkeit stressiger war als mein vorheriger Job. Ich beschäftigte mich mehr und mehr mit dem Thema ›Selbstmanagement‹, strukturierte meine Tagesabläufe und begann damit, mich auf die wirklich wichtigen Dinge zu konzentrieren und mir Unterstützung für administrative Tätigkeiten zu holen. Heute habe ich meinen Alltag gut im Griff. Natürlich gibt es immer mal wieder stressigere Tage, aber im Großen und Ganzen bin ich heute mit meinem Tagesablauf sehr zufrieden. Ich starte am Vormittag mit ein bis zwei Stunden Zeit für mich. Gegen neun Uhr fange ich an zu arbeiten und beginne den Tag mit einer wichtigen Aufgabe und erledige danach nur noch kleinere Aufgaben. Ich gönne mir eine lange Mittagspause und versuche gegen 17 Uhr Feierabend zu machen. Dann ist Zeit für Familie, Freunde und Freizeit. Die Selbstständigkeit erfordert jede Menge Selbstdisziplin.«

Frage: »Lassen Sie sich helfen? Gibt es ein Team? Oder gibt es Freelancer, die für Sie arbeiten?«

Tanja Lenke: »Zu Beginn meiner Selbstständigkeit habe ich alles selbst gemacht. Ich dachte, dass ich das tun muss. In den ersten Monaten von she-preneur habe ich ebenfalls allein gearbeitet, aber dann schnell gemerkt, dass es ein ganzes Business ist, was ich aufbaute. Ich kam mit den Aufgaben kaum hinterher und suchte schnell nach Unterstützung. Heute habe ich ein kleines Freelancer-Team, die mich bei verschiedenen Aufgaben unterstützen (Social Media, Website, Blog) sowie eine Assistentin, die mir den Rücken freihält, damit ich mich auf die wirklich wichtigen Dinge konzentrieren kann und mich um meine Kundinnen und meine Community kümmern kann.«

Frage: »Mir fiel bei meinen Recherchen auf, dass viele Solo-Selbstständige oder Freelancer alles gut machen, zufrieden sind und auch ökonomisch erfolgreich. Nur beim Thema Altersvorsorge sieht es düster aus. Wie ist das bei Ihnen?«

Tanja Lenke: »Am Anfang hatte ich nicht die finanziellen Mittel, um Rücklagen für die Altersvorsorge zu bilden oder in die Rentenversicherung einzuzahlen. Heute zahle ich einen kleinen Betrag in eine private Rentenversicherung ein und habe eine Eigentumswohnung gekauft, die ich aktuell noch abzahle. Außerdem habe ich damit begonnen einen kleinen Prozentsatz vom Umsatz jeden Monat zu sparen. Mit steigendem Gewinn soll dieser Prozentsatz zukünftig steigen. Nach fünf Jahren Selbstständigkeit bin ich auf einem guten Weg.«

Tja, auf einem guten Weg. Alles wirkte überzeugend: Tanja Lenke war mit ihrer klaren Geschäftsidee zielgerichtet unterwegs. Was sollte schon passieren?

Dann kam Corona. Staaten gerieten ins Wanken. Großunternehmen riefen um Hilfe. Arbeiter und Angestellte wurden arbeitslos oder mussten kurzarbeiten. Wie ergeht es in dieser weltumspannenden Krise einem Ein-Frau-Unternehmen? Tanja Lenke wirkt mitten im Sturm relativ entspannt: Tatsächlich seien die Treffen und der persönliche Austausch ihrer Kundinnen weggebrochen, das sei zwar schade, für sie aber nicht existentiell. Sie rät ihren Kundinnen, »um die Ecke zu denken«, um neue Lösungen zu finden und ihre Bekanntheit zu steigern. Sie sagt: »Ich selbst habe mich entschieden, keine Hilfe von außen in Anspruch zu nehmen. Die Einnahmen werden zu einem anderen Zeitpunkt wieder zu mir zurückkommen.«

Diese junge Unternehmerin lässt sich von der Krise nicht beeindrucken. Sie wirkt fest entschlossen, ihren Weg fortzusetzen. Corona? War da was?

DIE LETZTEN IHRER ART

WAS WAREN NOCH MAL GEWERKSCHAFTEN?

Sie blicken zurück auf eine glorreiche Tradition, die deutschen Ge-
werkschaften. Millionen Arbeiter organisierten sich zu Beginn der
Industriellen Revolution. Sie erkämpften gegen harten Widerstand
(und unterbrochen durch das Verbot während des Nationalsozialis-
mus) viele heute selbstverständliche Rechte: Betriebsverfassungs-
gesetz, Mitbestimmung, Vierzig-Stunden-Woche. Die Basis war der
Betrieb. Jetzt ändert sich einiges. Das bringt die Gewerkschaften in
Gefahr.

In einer seiner Reden zum 1. Mai (dem traditionellen Tag der
Arbeit) hat der DGB-Vorsitzende Reiner Hoffmann vor der Entstehung eines neuen digitalen Proletariats gewarnt. Er glaubt,
die Gefahr zu kennen. Einmal für die vereinzelten Home-
office-Arbeiter und Solo-Selbstständigen. Aber auch für ihn
selbst und für die von ihm vertretenen Gewerkschaften. Die
traditionellen Arbeiterorganisationen verlieren Mitglieder, weil
die Alten sterben und die Jungen sich schwertun, das Aufnah-
meformular zu unterschreiben. Sie fragen sich, was die Gewerkschaften für die Arbeitnehmer in der digitalisierten Welt
tun können. Und sie fragen sich, wozu man überhaupt noch
Gewerkschaften benötigt. Die Fragen sind berechtigt.

In der Ende des 19., Anfang des 20. Jahrhunderts revolutio-
nierten Arbeitswelt waren Gewerkschaften wichtig. Für die
Arbeiter. Damals, als in lauten, schlecht belüfteten, düsteren

Werkhallen Tausende Frauen und Männer schufteten, zwölf Stunden täglich, sechs Tage in der Woche und manchmal sogar sonntags, da konnten die arbeitenden Menschen überhaupt nur durch den Zusammenschluss und das gemeinsame Auftreten eine Gegenmacht aufbauen. Gewerkschaften sorgten dafür, dass sich die Verhältnisse der Arbeiter verbesserten. Die meisten Unternehmer zu Zeiten der Industrialisierung handelten menschenverachtend. Sie drückten die Löhne, trieben die Arbeiter an, und das Wort Arbeitsbedingung war ihnen ein Fremdwort. Bis die Arbeiter sich zusammenschlossen. Es war Notwehr.

»Mann der Arbeit, aufgewacht! Und erkenne deine Macht! Alle Räder stehen still. Wenn dein starker Arm es will.« Das Lied stammt aus dem Jahr 1863. Es ist die Hymne des Allgemeinen Deutschen Arbeitervereins. Damals waren die organisierten Arbeiter kampfbereit. Sie erkannten die aus dem Zusammenschluss resultierende Stärke. Das Lied war ein Knaller. Heute ist es nur noch nostalgischer Gesang. Der Crowdworker singt nicht. Und falls doch, würde ihn niemand hören, denn er singt im Homeoffice. Die digitalen Proletarier gehen nicht auf die Straße, sie kennen ihre Kollegen kaum und das Wort Gewerkschaft klingt für sie so zeitgemäß wie Dampflokomotive. Es ist kein Wunder.

Das Auftreten mancher hauptamtlichen Gewerkschafter weckt bei jungen Frauen oder Männern keine Sympathie. Sie sehen Scharfmacher der alten Schule, die unattraktive Parolen dreschen, die Stärke vorspielen, um ihre tatsächliche Überforderung zu kaschieren. Diese Leute gibt es noch, auch wenn sie seltener werden. Sie sind (in Anlehnung an ein anderes revolutionäres Lied) die alte Garde des Proletariats. Mit denen können die Jungen nichts anfangen. Man versteht sich wechselseitig nicht und fremdelt mit dem jeweils anderen. Wäre die Crowd zu vernachlässigen und wären die Solo-Selbstständigen bis auf Weiteres eine Minderheit, könnte das die Gewerkschaften kaltlassen. Noch gibt es Firmen mit Hunderttausenden fest angestellten Beschäftigten. Dort finden Gewerkschaften ihre besten »Kunden«, dort sind sie gut verankert, haben starke Betriebsräte und reden per Mitbestimmung bei Unternehmensentscheidungen mit. Aber das ändert sich. Schneller, als es den Traditionalisten der Gewerkschaftsbewegung lieb ist. Es gibt nur Schätzungen zur Anzahl der Crowdworker: mindestens eine Million, vielleicht auch bereits zweieinhalb Millionen Menschen. Sicher ist, dass ihre Zahl stark wächst.

Außerdem graben auch Unternehmen Gewerkschaften das Wasser ab. Mit sogenannten Online-Feedback-Tools versuchen sie, die Stimmung in der Belegschaft abzufragen. Damit, sagen sie, könnten schnell und qualifiziert Probleme am Arbeitsplatz erkannt und gelöst werden. Besser als durch jeden Betriebsrat. Mit derartigen Vorstößen werden sich Gewerkschafter auseinandersetzen müssen.

Schließlich: Wenn große Unternehmen Belegschaften verkleinern und sie lieber viele kleine Betriebsstätten gründen anstelle der großen, wenn das Homeoffice nicht mehr exotisch ist, sondern zum Arbeitsalltag gehört, dann schrumpft das Biotop, in dem Gewerkschaftsmitglieder gedeihen. Traditionelle Gewerkschaftsführer sind da machtlos. Allerdings gibt es auch die jungen Gewerkschafter, die nach vorn schauen und die anders ticken. Die Probleme der Crowdworker lassen sie nicht kalt. Weil sie die Dynamik kennen, die die Digitalisierung und die Arbeit am Computer für die Arbeitnehmer bringt. Die Szene der Selbstständigen wächst weltweit. Ihre Vereinzelung macht sie jedoch zu Opfern der Plattformmanager. Das ist ein fruchtbarer Boden für ein neues gemeinsames Handeln.

In Deutschland sind zwei Gewerkschaften beim Thema Solo-Selbstständige aktiv: die IG Metall und die Gewerkschaft ver.di. »Wir brauchen einen Sozialstaat 4.0«, erklärt die zweite Vorsitzende der IG Metall, Christiane Benner. Ein Satz, der auch von anderen Gewerkschaftsleuten immer wieder fällt, weil sie wissen, dass der technische Fortschritt schneller ist als die gewerkschaftliche Anpassung. Sie fügt hinzu: »Dazu muss man bestehendes Recht konsequent anwenden und, wo dies notwendig ist, auch weiterentwickeln.« Mit Blick auf die drohende Altersarmut der Solo-Selbstständigen fordert sie zum Beispiel, dass sie verpflichtet werden müssten, in die gesetzliche Rente einzuzahlen, und sie fügt hinzu, dass sich die Arbeitgeber an der Beitragszahlung beteiligen sollten. Das wird bei den Betroffenen auf beiden Seiten keine Freude auslösen. Außerdem fordert die Gewerkschaftsfunktionärin Tarifverträge für die zu Hause an ihrem eigenen Laptop Arbeitenden, um sie davor zu bewahren, in einen Wettlauf mit sinkender Entlohnung zu geraten. »Wer zu Hause an seinem Laptop Kleinstaufträge für Internetfirmen erledigt, ist nicht im eigentlichen Sinne selbstständig, sondern oft abhängig beschäftigt.«

Die deutsche IG Metall, die schwedische Angestelltengewerkschaft und der österreichische ÖGB betreiben gemeinsam die Internetseite Fair Crowd Work, um die Netz- und Plattformarbeiter zu erreichen. Sie bieten auch elektronische Bewertungen einiger Plattformen an, aber die Zahl ist angesichts der mehr als dreißig Plattformen allein in Deutschland noch überschaubar. Einerseits sagen die deutschen Gewerkschaften, wie wichtig es sei, den Crowdworkern zu helfen, sich zu organisieren. Andererseits marschieren sie in dieser Sache noch nicht einmal gemeinsam. Die Gewerkschaft ver.di unterhält ihren eigenen Service für Crowdworker unter dem Claim »Ich bin mehr wert«. Da heißt es: »Wir wollen nicht, dass Einzelne durch Unwissen oder falsche Konkurrenz die Bedingungen für alle in der Branche verschlechtern.« Allerdings müssen im Falle einer persönlichen Beratung Gebühren gezahlt werden. Da wird dann in Grundzügen rechtlich und steuerlich beraten. Bei konkreten Fragen gibt es Antworten nur für ver.di-Mitglieder.

Klingt alles nicht schlecht. Allein, nur ein Bruchteil der möglichen Solo-Selbstständigen folgt den gewerkschaftlichen Anwerbemaßnahmen. Wenn es zu der Revolution der Arbeitswelt mit dem zu erwartenden Abbau der fest angestellten Arbeiter und Angestellten kommt, dürften es die Gewerkschaften schwer haben, die Betroffenen so zu organisieren, wie ihre Vorväter es vor langer Zeit taten.

Warum verweigern sich die Crowdworker? Es ist das süße Gift dieser modernen Selbstständigkeit, jene finanzielle Ersparnis, wenn man sich von Rentenbeiträgen und Gewerkschaftsbeiträgen fernhält. Eine Pflichtversicherung gibt es für diese Gruppe nicht. Entweder die Freelancer und Crowdworker verdienen gerade so viel, um damit über die Runden zu kommen. Dann haben sie kein Geld übrig, mit dem sie vorsorgen könnten. Oder sie verdienen sehr gut, geben es aber auch gerne aus und genießen ihr Leben. Ihr Motto: »Work hard, play hard.« Fünf Tage in der Woche wird rangeklotzt. Am Wochenende ist Party. Die Verlockungen der Gegenwart sind groß, das Älterwerden mit seinen Folgen wird nicht bedacht. Wenn diese heute noch Jungen und Fitten einmal alt geworden sind, werden sie um Hilfe rufen. Dann wird vermutlich niemand da sein, der ihnen helfen kann.

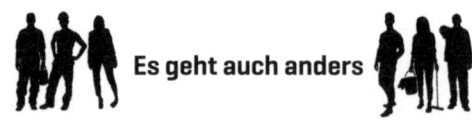

Es geht auch anders

»FÜR CROWDWORKER GILT VIELES NICHT, WAS WIR IN UNSERER GESCHICHTE ERSTRITTEN HABEN«

DER GEWERKSCHAFTSMANN ROBERT FUSS VERSUCHT, DIE CROWD ZU ORGANISIEREN

Robert Fuß kümmert sich in einer der größten Gewerkschaften der Welt um eine verschwindend kleine Minderheit. Er sitzt im Haus der IG Metall in Frankfurt, hat aber mit den mehr als zwei Millionen traditionellen Mitgliedern, den Metallarbeitern, nicht viel zu tun. Dem Kollegen Fuß geht es um die Crowd und um das Crowdworking. Er arbeitet im Projekt »Crowdsourcing« beim Vorstand der IG Metall und berät die Freelancer, er organisiert einen Plattformentest mit offener Bewertung der Arbeitskriterien, er wirbt unter den Solo-Selbstständigen um Mitglieder. Unternehmer – wenn auch nur kleine Unternehmer – als Gewerkschaftsmitglieder?

Frage an Robert Fuß: »Lassen sich Crowdworker überhaupt in irgendeiner Form gewerkschaftlich organisieren? Die sind doch nach ihrem Selbstverständnis geborene Einzelkämpfer!?«

Robert Fuß: »Crowdworker sind keine ›geborenen‹ Einzelkämpfer – ihr Beruf bringt die Vereinzelung mit sich. Plattformen sehen sie in der Regel als Solo-Selbstständige und nicht als Arbeitnehmer. Viele Crowdworker machen diese Tätigkeit, weil eine klassische Vollzeitbeschäftigung für sie aus unterschiedlichen Gründen nicht infrage kommt. Wir haben in unseren Workshops mit Crowdworkern immer wieder die Erfahrung gemacht, dass sie den Austausch untereinander suchen. Und sie freuen sich, wenn eine Gewerkschaft wie die IG Metall ihnen zuhört, sich für ihre Belange interessiert und sich – gemeinsam mit den Crowdworkern – dafür einsetzt, dass Arbeit auf digitalen Plattformen fair abläuft.«

Frage: »Was kann eine Industriegewerkschaft wie die IG Metall für Crowdworker tun?«

Robert Fuß: »Wir vertreten sie vor Gericht, wenn zum Beispiel der Auftraggeber nicht zahlt. Außerdem gewähren wir eine Einmalberatung in Fragen des Urheber-, Marken- und Patentrechts. Wir beteiligen uns an dem ›Code of Conduct‹, der weltweit einzigen freiwilligen Selbstverpflichtung, die inzwischen neun Plattformen unterzeichnet haben. Seit November 2017 gibt es zudem eine Ombudsstelle, um Streitigkeiten auf diesen Plattformen zu schlichten. Gemeinsam mit der YouTubers Union – einer Facebook-Gruppe, die inzwischen mehr als 26 000 Mitglieder hat – setzen wir uns für mehr Transparenz und faire Bezahlung auf YouTube ein. Um diese Unterstützung zu leisten, haben wir unsere Satzung geändert: Seit Anfang 2016 können Solo-Selbstständige Mitglied der IG Metall werden.«

Frage: »Ist da nicht gewerkschaftsinterner Ärger programmiert? Die traditionelle Arbeitnehmerschaft in der IG Metall hat vielleicht nicht viel Verständnis für diese neue Klientel?«

Robert Fuß: »Im Gegenteil. Unsere Mitglieder finden es gut, dass wir uns die aktuellen Entwicklungen auf dem Arbeitsmarkt nicht nur angucken, sondern ganz vorn mit dabei sind, sie mitzugestalten. Weil Crowdworker zumeist selbstständig sind, gilt für sie vieles nicht, was wir Gewerkschafterinnen und Gewerkschafter in unserer Geschichte erstritten haben: Tarifverträge, gesetzlicher Mindestlohn, Lohnfortzahlung im Krankheitsfall, paritätische Finanzierung der Sozialversicherungsbeiträge – also je zur Hälfte durch Arbeitgeber und Arbeitnehmer. Arbeit 4.0 braucht auch einen Sozialstaat 4.0.«

Nun könnte es sein, dass die aktuelle Krise dem gewerkschaftlichen Gedanken geholfen hat. So wie seinerzeit Gewerkschaften als Interessenvertretung angesichts des Leids der Arbeiter entstanden, könnten Leute wie Robert Fuß jetzt angesichts der drohenden Arbeitslosigkeit mit besseren Argumenten für ihren Sozialstaat 4.0 werben. Schließlich hat der hohe Organisationsgrad in der deutschen Automobil- und Elektroindustrie dazu beigetragen, die großzügige Kurzarbeiterregelung durchzusetzen. Die Betroffenen sehen das sehr wohl. Sie sehen auch, dass das in Ländern ohne starke Arbeitnehmervertretungen wie den USA nicht so läuft. Vielleicht erlebt die Gewerkschaftsbewegung jetzt eine Renaissance? Also so eine Art DGB 4.0?

NACHWORT

WIE DIE NEUE REVOLUTION UNSERE ARBEITSWELT VERÄNDERT

Krisen machen Angst. Revolutionen auch. Aber sie machen auch Hoffnung. Jedenfalls gibt es nach Krisen Gewinner und Verlierer. Das war schon immer so. Das wird jetzt nach der Corona-Krise mit ihren revolutionären Umwälzungen ganz besonders so sein. Wir sollten uns Klarheit verschaffen, wo wir hin wollen mit unserem Schaffensdrang und unserer Arbeitskraft, damit wir nicht zu den Verlierern der Krise gehören. Zu den Restposten.

Der Begriff »Revolution« beschreibt den Umsturz, die politische oder technische Umwälzung. Die gewaltsame Änderung der Verhältnisse. Wir Deutschen verbinden damit meist negative Gefühle. Wenn die Revolutionäre kommen, heißt es in Deckung gehen. Das ist eine sehr deutsche Haltung.

Lenin soll spöttisch gesagt haben, dass die deutschen Revolutionäre, wenn sie einen Bahnhof besetzen wollten, zuvor eine Bahnsteigkarte kaufen würden. Die Bahnsteigkarte gibt es schon lange nicht mehr. Diese Haltung aber immer noch. Es wäre gut, wenn sich das änderte. Wenn aus dem ängstlichen Beiseitestehen ein offensives Vorangehen würde. Wenn jetzt die neue Revolution kommt, müssen wir weder Opfer sein noch Mitläufer. Wir können uns auf diese Revolution vorbereiten, sie selbst aktiv mitgestalten und am Ende von ihr profitieren.

Bis heute ist unser Bild von der Industriellen Revolution in Deutschland zu Beginn des 19. Jahrhunderts zwiegespalten. Es ist ein Schreckensbild, einerseits, weil viele Menschen zu Opfern der Veränderung wurden. Sie fühlten sich ausgeliefert. Und litten. Andererseits: Einige wollten die Entwicklung nicht einfach so hinnehmen und organisierten Widerstand. Es war die Zeit, in der Gewerkschaften entstanden und politische Parteien, die sich für die verelendeten Arbeiter einsetzten. Ihr Ziel war die Verbesserung der Lage des Proletariats. Es gab unter ihnen gemäßigte Kräfte und es gab Radikale. Erstere strebten Veränderungen an, die anderen träumten von der Machtübernahme. Wir wissen, wo sie stattfand (in Russland) und wie sie pervertiert wurde (durch den Stalinismus). Aus dem Traum der Entrechteten wurde nach der Revolution ein Albtraum für die Massen.

Geblieben ist die generelle Erfahrung, dass der Einsatz neuer Technologien eine Welt radikal verändern kann. Dass der Prozess revolutionär ablaufen kann. Dass er Menschen aus dem gewohnten Umfeld reißt. Aus heutiger Sicht hatten die vergangenen Industriellen Revolutionen harte Folgen für jene Menschen, die von den Veränderungen mitgerissen und überrannt wurden. Heute jedoch sehen wir zum Beispiel in Deutschland (einem schon lange hoch industrialisierten Land) den Wohlstand, die Sicherheit, die sicheren Arbeitsverhältnisse, die Mitbestimmung und die relative politische Stabilität.

Geschichte wiederholt sich nicht zwangsläufig. Auch wenn uns heute erneut eine Revolution der Arbeitswelt bevorsteht, so wird sie nicht unweigerlich Verarmung und Elend hervorrufen. Eine Revolution kann Menschen ins Unglück stürzen, muss es aber nicht.

Aus Fehlern der Vergangenheit lässt sich lernen. Sicher ist: Die Corona-Krise mit ihren weltweiten Erschütterungen beschleunigt die aktuelle revolutionäre Veränderung der Arbeitswelt. Diese zeichnete sich bereits vor der Krise ab. Und jetzt geht alles viel schneller: Arbeitslosigkeit und Kurzarbeit sind die direkten Folgen der Krise, und es bleibt ungewiss, wie schnell Vollbeschäftigung und allgemeiner Wohlstand wieder erreicht werden. Ob sie überhaupt wieder erreicht werden. Niemand weiß es. Wenn Arbeitnehmer jetzt nicht reagieren, werden sie zu Opfern. Ob sie es schaffen, geschickt durch die Wirren der Gegenwart zu lavieren, hängt von ihrem Verhalten ab. In der Managementliteratur wird von Führungskräften »agiles Verhalten« gefordert. Aber auch Arbeiter, Angestellte oder freie Mitarbeiter müssen jetzt beweglich, lernwillig und unangepasst sein.

Es wird höchste Zeit, dass wir uns auf diese ungewöhnliche Revolution einstellen, damit wir mit den Umwälzungen umgehen lernen. Damit wir unsere Kinder angemessen vorbereiten. Damit wir nicht zu Restposten werden, sondern selbst über uns und unser Schicksal bestimmen. Damit wir unsere Jobs retten können.

Die anstehende Entwicklung werden wir erleben als extrem schnellen Wechsel der Verhältnisse in der Welt der Arbeit. Aber ob dieser Wechsel uns leiden lässt oder wir daraus eine Verbesserung unserer persönlichen Verhältnisse machen, das ist noch nicht ausgemacht. Sicher ist jedoch: Wir werden diese Revolution nur dann als gute Zeit erleben, wenn wir uns vorbereiten. Wir müssen die Veränderungen aktiv betreiben, sonst treiben die Veränderungen uns vor sich her. Das Überleben in der digitalisierten Arbeitswelt bedeutet, dass man sich entscheiden muss. Manchmal kann es von Vorteil sein, sich gegen ein scheinbar komfortables Arbeitsumfeld zu entscheiden. Also: einen Sprung ins kalte Wasser zu wagen. Manchmal wird es unbequem, bevor es besser wird.

Allerdings sollten auch die Arbeitgeber einen Lernprozess durchlaufen. Sie müssen die Berufsbilder und Ausbildungswege und Arbeitsplätze ihrer Mitarbeiter neu definieren. Zum Nutzen der Mitarbeiter, zum Nutzen ihrer Kunden, aber auch zum eigenen Vorteil. Dann können Mitarbeiter auch wieder erfolgreich und befriedigend arbeiten.

»Wir neigen dazu, die Wirkung einer Technologie kurzfristig zu überschätzen und langfristig zu unterschätzen.« Das sagte der amerikanische Wissenschaftler Roy Amara schon vor Jahren. Dieser Satz wurde als Amaras Gesetz bekannt und beschreibt die oft nicht vorhergesehene Schnelligkeit, mit der sich neue Technologien und Erfindungen durchsetzen. Die Entwicklung und Verbreitung mancher Erfindung verläuft vielleicht anfangs noch flach, beschleunigt sich dann aber und beherrscht eine ganze Technologie. Zugleich geraten die alten Methoden schnell in Vergessenheit. Als im Berlin der Zwanzigerjahre die Pferdedroschken verdrängt waren und ausschließlich Taxis mit Benzinmotor fuhren, nannten die Menschen deren Fahrer immer noch Droschkenkutscher. Die neue Technologie hatte alles übernommen und das Pferd überflüssig gemacht, aber sprachlich und damit auch im Kopf verharrten die Menschen im Gestern.

Während die politischen und gewerkschaftlichen Meinungsmacher für die Zeit nach der Krise einen funktionierenden Arbeitsmarkt vorhersagen, sind die Umbrüche bereits sichtbar. Es kann sehr schnell gehen mit dieser Revolution. Sind die Akteure der politischen Welt darauf vorbereitet? Eher nicht. Ihre Haltung: »Alles wird gut!« Dabei geht es nicht um »gut« oder »schlecht«, sondern um die angemessene Begleitung eines ökonomischen und gesellschaftlichen Wandels.

Der britische Ökonom Robert Skidelsky wurde für sein wissenschaftliches Werk zum Lord ernannt. Sein Hauptaugenmerk galt dem Ökonomen John Maynard Keynes, über den er eine umfangreiche Biografie verfasste und den er ehrfurchtsvoll als »den Meister« bezeichnete. Seine Thesen hätten bis heute volle Gültigkeit.

Skidelsky kritisiert die herrschende Lehre, die das Wachstum als Ziel des wirtschaftlichen Handelns vorgibt. Er widerspricht vehement, wenn es allgemein bei seinen Kollegen heißt, unser Wohlstand sei ohne weiteres Wachstum nicht denkbar. Er verweist auf die große Kluft zwischen Arm und Reich, auch in den ständig wachsenden und hoch entwickelten Gesellschaften, und fordert stärkere Eingriffe des Staates, um krisenhafte Entwicklungen zu vermeiden. Er warnt vor einem unkontrollierten Abgleiten in eine Zukunft, in der es eine reiche Minderheit und eine Masse armer Menschen gibt. Wie in den Zeiten des Feudalismus oder den Anfangszeiten des Kapitalismus. Zum aktuellen technischen Wandel und dem Vormarsch der Roboter hat sich Skidelsky in einem Interview der Schweizer Zeitschrift *Republik* geäußert. Seine Forderung: »Maschinen sind unsere Diener, nicht umgekehrt.«

Zunächst einmal glaubt Skidelsky, dass es in Zukunft in unserer Gesellschaft immer weniger Bedarf an kognitiver Arbeit geben wird. »Der Bedarf an Kreativität wird abnehmen«, sagt er und spricht damit exakt jenen Bereich der Arbeitswelt an, der sich bisher vor Automatisierungswellen geschützt glaubte. Er behauptet, die Angst der Menschen vor einem Verlust des Einkommens ließe sich leicht lösen: »Man kompensiert die Menschen mit Geld oder stellt sicher, dass sie für alternativ entstehende Jobs ausgebildet werden.« Die andere Quelle der Angst sei schwerer trockenzulegen: »Die Angst davor, überflüssig zu werden. Arbeit ist seit so langer Zeit eine Quelle der Identität, dass der Gedanke, nicht mehr gebraucht zu werden, ein furchtbarer ist.«

Der Ökonom will uns auf die Lehren aus der Geschichte der vergangenen Industriellen Revolutionen hinweisen, wenn er sagt, man müsse den Wandel gestalten. Die wichtigere Frage aber sei für ihn aktuell: »Sehen wir einer Automatisierungswelle entgegen, die einen qualitativen Unterschied zu den Wellen der Vergangenheit hat?« Seine Antwort: »Ich glaube ja. Die Automatisierung betraf früher ja vor allem manuelle, jetzt eben verstärkt auch geistige Arbeit. Damit bedroht sie die Mittelklasse in einem gefährlichen Ausmaß.«

Skidelsky macht sodann auf die Gefahr aufmerksam, die Entstehung einer Gesellschaft von wenigen sehr Reichen und vielen armen Menschen, die vom Fortschritt abgeschnitten seien, zu begünstigen. Sein Rat an Politiker: Sie sollten die Globalisierung runterfahren, das senke den Druck auf inländische Arbeitskräfte. Diese These stellte er vor mehr als zwei Jahren auf. Aber sie ist gerade jetzt hochaktuell. Welche Risiken in der Globalisierung stecken, konnten wir schmerzhaft in der Krise beobachten. Jetzt wäre der richtige Zeitpunkt, die Abhängigkeiten und Ungerechtigkeiten, die die Globalisierung hervorruft, abzustellen.

Außerdem plädiert Skidelsky für eine Robotersteuer. »Menschen fragen mich: ›Wie sollen Roboter Steuern zahlen?‹ Aber sie geben jemandem ein Einkommen, der soll diese Steuern zahlen.« Das seien Maßnahmen, die im Rahmen des Möglichen wären. Diese Forderung, die Gewinner der Digitalisierung zum angemessenen finanziellen Ausgleich heranzuziehen, wird von vielen Experten erhoben. Die Forderung an sich ist verständlich und berechtigt. Nur fehlt es am Rezept: Wie soll das gehen? Wer soll das durchsetzen?

Die Digitalisierung wird Arbeitsplätze vernichten. Das ist unbestritten. Ebenso sicher ist, dass nicht nur Arbeitsplätze für einfache Tätigkeiten wegfallen werden, sondern auch qualifizierte Arbeit. »Wenn die Algorithmen kommen, wer werden die Gewinner sein und wer die Verlierer?« Die Frage stellt die Philosophin Lisa Herzog, die für ihr Buch *Die Rettung der Arbeit* viel Lob erhalten hat. Sie stellt fest, dass Arbeit mehr sei als eine zwangsweise betriebene Tätigkeit, die ausschließlich zum Geldverdienen ausgeübt werde. Herzog meint, Arbeit gehöre zur menschlichen Kultur und zur Selbstverwirklichung. Sie plädiert dafür, dass Arbeitende in den Unternehmen mitreden können und nicht zu Befehlsempfängern degradiert werden.

Die aktuelle wirtschaftliche und politische Entwicklung könnte eine Chance bieten. Sie müssten nur wollen: die politischen Kräfte, die zurzeit Milliarden, ja sogar Billionen, freisetzen, um Unternehmen vor dem Absturz zu bewahren. Dieses Geld könnte mit Auflagen verbunden werden, die im Interesse der Mitarbeiter wären: mehr Mitsprache, mehr Freiheit, mehr Gerechtigkeit. Schließlich werden genau diese Mitarbeiterinnen und Mitarbeiter sowie ihre Kinder die Rettung mit ihrer Lohnsteuer finanzieren müssen. Warum sollen sie da nicht mitentscheiden?

Bisher treiben global agierende Konzerne nationale Regierungen vor sich her. Sie hebeln mit den von ihnen gekauften Experten Steuergesetze aus. Sie umschiffen nationale Arbeitsgesetze, indem sie die für sie passenden Sonderregelungen durchsetzen. Jetzt wäre die Chance, sie in die Schranken zu weisen.

Selbstverständlich ist Arbeit mehr als Streben nach dem Lebensunterhalt. Aber wer Verbundenheit und Verwirklichung am Arbeitsplatz sucht, wird sie nicht in den Konzernen der Haifischbranchen finden, die durch die Ozeane der Ökonomie streifen. Deren unbändiger Hunger nach ewigem Wachstum macht sie rücksichtslos und bösartig – auch gegenüber den eigenen Mitarbeitern. Wenn sie irgendwann scheitern, passiert, was man bei der Pleite der amerikanischen Bank Lehman Brothers beobachten konnte: Rette sich, wer kann! Die über Nacht arbeitslos gewordenen Banker verließen mit ihren Habseligkeiten unter dem Arm fluchtartig die Büros.

Die Arbeit als freie Mitarbeiter, als Freelancer oder in der Solo-Selbstständigkeit ist die Alternative zum Angestelltendasein. Aber es ist eine Existenz voller Risiko. Aus der Selbstständigkeit kann Abhängigkeit vom Kunden werden, schlimmer als das Angestelltendasein in einem Konzern. Wer sich in die Selbstständigkeit hinauswagt, muss auf sich selbst achten, sich unterschiedliche Kunden suchen, muss eine befriedigende Tätigkeit finden, muss Verträge abschließen, die ihn fair behandeln, muss möglichst schnell für Sicherheit sorgen, um auch mal eine Durststrecke überstehen zu können. Eine Durststrecke, wie wir sie während der Krise erleben mussten.

In der Vergangenheit setzten viele auf die Kraft der Belegschaft und als deren Vertretung auf die Gewerkschaft. Man konnte sich früher auf den Widerstand und die Gestaltungskraft der Arbeitnehmerorganisationen verlassen, auf die erkämpften Tarifverträge, die ganze Kohorten von Arbeitnehmern absicherten. In der jetzt aufziehenden Epoche des Umbruchs wird das nicht unbedingt funktionieren. Die Gewerkschaften müssen sich neu aufstellen und beweisen, dass sie gerade jetzt gebraucht werden.

Wer in der Zukunft mit seiner Arbeit bestehen will, bedarf der Unterstützung von Kollegen, Partnern, Freunden, vielleicht der Familie. Die Großkonzerne haben keine sichere Zukunft und sie bieten niemandem Gewissheit. In der großen Werkhalle wird es immer stiller. Arbeit ist da. Die Zukunft der Arbeit? Die müssen wir selbst gestalten.

QUELLEN

Christoph Bartmann, *Die Rückkehr der Diener. Das neue Bürgertum und sein Personal*, München 2016.

Markus Dettmer et al. »Mensch gegen Maschine«, in: *Der Spiegel*, 3. September 2016.

Antje von Dewitz, *Mut steht uns gut. Nachhaltig, menschlich, fair – mit Haltung zum Erfolg*, München/Salzburg 2020.

Günter Faltin, *Kopf schlägt Kapital. Die ganz andere Art, ein Unternehmen zu gründen. Von der Lust, ein Entrepreneur zu sein*, München 2017.

–, *David gegen Goliath. Wir können Ökonomie besser*, Freiburg i. Br. 2019.

Isabelle Ferreras, *Firms as Political Entities*, Cambridge University Press 2017.

Martin Ford, *Aufstieg der Roboter. Wie unsere Arbeitswelt gerade auf den Kopf gestellt wird – und wie wir darauf reagieren müssen*, Kulmbach 2016.

Mary L. Gray/Siddharth Suri, *Ghost Work: How to Stop Silicon Valley from Building a New Global Underclass*, Boston 2019.

Lisa Herzog, *Die Rettung der Arbeit. Ein politischer Aufruf*, München 2019.

Jan Marco Leimeister/Shkodran Zogaj: »Neue Arbeitsorganisation durch Crowdsourcing«, Hans-Böckler-Stiftung, 2018.

Sascha Lobo/Holm Friebe, *Wir nennen es Arbeit: Die digitale Boheme oder: intelligentes Leben jenseits der Festanstellung*, München 2006.

Detlef Lohmann, *… und mittags geh ich heim. Die völlig andere Art, ein Unternehmen zum Erfolg zu führen*, Wien 2012.

Detlef und Ulrich Lohmann, *… und heute leg' ich los. Die völlig andere Art, im Job zu leben*, Wien 2016.

Axel Mengewein, *Halbe Arbeit, ganzes Leben. Arbeite so wenig, wie du willst. Das Teilzeit-Manifest*, München 2018.

Andrés Oppenheimer, *The Robots Are Coming! The Future of Jobs in the Age of Automation*, New York 2019.

Geoffrey G. Parker et al., *Die Plattform-Revolution: von Airbnb, Uber, PayPal und Co. lernen. Wie neue Plattform-Geschäftsmodelle die Wirtschaft verändern*, Frechen 2017.

Kai Pfersich, *Bankier 5.0. Die Antwort auf den Roboter*, Köln 2018.

Richard David Precht, *Jäger, Hirten, Kritiker. Eine Utopie für die digitale Gesellschaft*, München 2018.

Daniela Schröder, »Außer Konkurrenz«, in: *brand eins*, 11/2017.

Robert und Edward Skidelsky, *Wie viel ist genug? Vom Wachstumswahn zu einer Ökonomie des guten Lebens*, München 2014.

Joseph Stiglitz, *People, Power and Profits: Progressive Capitalism for an Age of Discontent*, London 2019.

Lukas Sustala, *Zu spät zur Party. Warum eine ganze Generation den Anschluss verpasst*, München/Salzburg 2020.

Jonas Vogt, »»Maschinen sind unsere Diener, nicht umgekehrt'«, in: *Republik*, 6. Juni 2018.

Harald Willenbrock, »OAWOW?«, in: *brand eins*, 12/2019.